Transformationsfinanzierung

Thilo Grundmann

Transformationsfinanzierung

Finanzierung und Wahrung der Bonität in komplex-ungewissen Transformationsprozessen

Thilo Grundmann
Stuttgart, Deutschland

ISBN 978-3-662-67382-9   ISBN 978-3-662-67383-6 (eBook)
https://doi.org/10.1007/978-3-662-67383-6

Die Deutsche Nationalbibliothek verzeichnet diese Publikation in der Deutschen Nationalbibliografie; detaillierte bibliografische Daten sind im Internet über http://dnb.d-nb.de abrufbar.

© Der/die Herausgeber bzw. der/die Autor(en), exklusiv lizenziert an Springer-Verlag GmbH, DE, ein Teil von Springer Nature 2023

Das Werk einschließlich aller seiner Teile ist urheberrechtlich geschützt. Jede Verwertung, die nicht ausdrücklich vom Urheberrechtsgesetz zugelassen ist, bedarf der vorherigen Zustimmung des Verlags. Das gilt insbesondere für Vervielfältigungen, Bearbeitungen, Übersetzungen, Mikroverfilmungen und die Einspeicherung und Verarbeitung in elektronischen Systemen.
Die Wiedergabe von allgemein beschreibenden Bezeichnungen, Marken, Unternehmensnamen etc. in diesem Werk bedeutet nicht, dass diese frei durch jedermann benutzt werden dürfen. Die Berechtigung zur Benutzung unterliegt, auch ohne gesonderten Hinweis hierzu, den Regeln des Markenrechts. Die Rechte des jeweiligen Zeicheninhabers sind zu beachten.
Der Verlag, die Autoren und die Herausgeber gehen davon aus, dass die Angaben und Informationen in diesem Werk zum Zeitpunkt der Veröffentlichung vollständig und korrekt sind. Weder der Verlag noch die Autoren oder die Herausgeber übernehmen, ausdrücklich oder implizit, Gewähr für den Inhalt des Werkes, etwaige Fehler oder Äußerungen. Der Verlag bleibt im Hinblick auf geografische Zuordnungen und Gebietsbezeichnungen in veröffentlichten Karten und Institutionsadressen neutral.

Planung/Lektorat: Mareike Teichmann
Springer Gabler ist ein Imprint der eingetragenen Gesellschaft Springer-Verlag GmbH, DE und ist ein Teil von Springer Nature.
Die Anschrift der Gesellschaft ist: Heidelberger Platz 3, 14197 Berlin, Germany

Vorwort

Welche Bedeutung haben Nachhaltigkeit und Digitalisierung als zwei zentrale Schlüsselthemen des 21. Jahrhunderts für die langfristigen Finanzierungskonditionen von Unternehmen? Ist mit der Vergünstigung von Krediten für nachhaltige Projekte (Stichworte: *ESG-Rating* & *Green Finance*) um wenige Basispunkte (Hundertstel eines Prozentpunktes) bereits der Rahmen angemessen umrissen? Oder sind vielleicht noch ganz andere (finanzielle) Herausforderungen zu beachten, wenn ein Unternehmen beschließen sollte, eine sich immer klarer abzeichnende *strategische Lücke* durch entsprechende Transformationsvorhaben zu schließen?

Ziel dieser Publikation ist es, aus einer etwas höheren und übergreifenden Perspektive die möglichen Implikationen einer Unternehmenstransformation für die Sicherstellung tragfähiger Finanzierungskonditionen und ausreichender Finanzmittel *(Transformationsfinanzierung)* etwas genauer betrachten und vorausschauend durchdenken zu können. Hierzu werden zunächst recht kompakt einige konzeptionelle Grundlagen zu den Themenfeldern Unternehmenstransformation und Unternehmensfinanzierung sowie zur Bonitätseinschätzung (Rating) und Bonitätsgestaltung (Rating Advisory) von Unternehmen dargestellt. Darauf aufbauend wird aufgezeigt, welche Bedeutung die im Rahmen eines Transformationsprozesses voraussichtlich stark ansteigende Komplexität und Ungewissheit für die Beurteilung der Bonität eines Unternehmens haben und wie sich dementsprechend klassische Kredit-Ratingsysteme systematisch zu einem *Transformation Rating* weiterentwickeln lassen. Anhand eines Praxisbeispiels wird verdeutlicht, wie sich das entwickelte Transformation Rating sowie *Transformation-Rating-Advisory* umsetzen lassen und welche Gestaltungsmöglichkeiten sich für Unternehmen hieraus ergeben. Abschließend werden die zentralen Ergebnisse noch einmal kurz thesenartig zusammengefasst.

Ich hoffe, die im Folgenden dargelegten konzeptionellen Überlegungen und exemplarischen Kalkulationen laden Sie zur Reflexion und ggf. zum Transfer auf die Herausforderungen in der Unternehmenspraxis ein.

Für die Durchsicht des Manuskriptes sowie für die zahlreichen Anregungen und hilfreichen Diskussionen bedanke ich mich ganz herzlich bei Frau Professorin Dr. Christiane Weiland, Herrn Professor Dr. Werner Gleißner, Herrn Professor Dr. Detlef Hellenkamp, Herrn Professor Dr. Gerhard Hellstern, Herrn Umberto Landi (Head Regulatory Reporting bei der Citigroup Global Markets Europe AG), Herrn Sven Schweickhardt (Director – Key Account Manager bei der Landesbank Baden-Württemberg), Herrn Professor Dr. Albert Strecker, Herrn Jan Vogt (Executive Vice President & Managing Director – Head of Portfolio Companies bei der Jenoptik AG) sowie Herrn Professor Dr. Thorsten Wingenroth.

März 2023   Thilo Grundmann

Inhaltsverzeichnis

1 Wozu „Transformationsfinanzierung"? 1
  1.1 Aus der nachhaltigen und digitalen Transformation
      resultierender Finanzierungsbedarf 2
  1.2 Merkmale und Herausforderungen einer
      Transformationsfinanzierung 5
  1.3 Steigende Bedeutung der organisationalen Positionierung von
      Unternehmen 10
  1.4 Für eine Transformationsfinanzierung erforderliche
      strategische Erfolgspotenziale 12

**2 Erforderliche Erweiterungen klassischer Kredit-Ratingsysteme
von Banken im Rahmen von Transformationsfinanzierungen** 17
  2.1 Klassische Kredit-Ratingsysteme von Banken 18
  2.2 Das Transformation Rating zur fundierten Risikoeinschätzung
      im Rahmen von Transformationsfinanzierungen 23
  2.3 Das Dynamic-Capabilities-Rating zur Analyse
      transformationsinduzierter Komplexität und Ungewissheit 26

**3 Transformation-Rating-Advisory zur strategischen
Analyse und Verbesserung unternehmensspezifischer
Finanzierungskonditionen** 33

**4 Praxisbeispiel: Möglicher Mehrwert eines
Transformation-Rating-Advisory** 37
  4.1 Ausgangslage 37
  4.2 Stufe 1: Bestimmung des planbasierten Kredit-Ratings 40
  4.3 Stufe 2: Durchführung des Rating-Stresstests 47

4.4	Stufe 3: Kalkulation des Dynamic-Capabilities-Ratings	50
4.5	Transformation-Rating-Advisory	55
4.6	Kalkulation der Konditionen einer Transformationsfinanzierung	58

5 Transformationsfinanzierung – Zusammenfassung der wesentlichen Ergebnisse 67

Literatur 69

Wozu „Transformationsfinanzierung"?

Implikationen eines Transformationsvorhabens auf die Kreditwürdigkeit, die Finanzierungsmöglichkeiten und die Finanzierungskonditionen von Unternehmen

Zusammenfassung

Die nachhaltige und digitale Transformation wird tendenziell bei Unternehmen einen erheblichen zusätzlichen Finanzierungsbedarf auslösen. Zur Wahrung der Bonität wird voraussichtlich ergänzend zur Fremdkapitalaufnahme ein nennenswerter Teil dieser *Transformationsfinanzierung* durch zusätzliches Eigenkapital gedeckt werden müssen. Es ist zu erwarten, dass eine Transformationsfinanzierung mit deutlich höheren Risiken und Ungewissheiten verbunden ist als eine klassische Finanzierung von Change-Vorhaben oder auch Ersatz- und Erweiterungsinvestitionen in bestehende Geschäftsmodelle. Dies kann sich tendenziell in einer Verringerung der Finanzierungsmöglichkeiten und einem signifikanten Anstieg der Finanzierungskosten niederschlagen. Ursächlich hierfür ist insbesondere, dass die in nachhaltigen und digitalen Geschäftsmodellen meist dominierenden immateriellen Vermögensgegenstände aus Sicht von Kreditinstituten keine guten Kreditsicherheiten darstellen. Zudem haben gerade innovative Geschäftsmodelle oft höhere Risiken, was unter sonst gleichen Bedingungen zu einer höheren Insolvenzwahrscheinlichkeit und damit zu einem entsprechend schlechteren Rating führt. Eine wesentliche Voraussetzung für die Mittelaufbringung im Rahmen eines Transformationsvorhabens ist der glaubwürdige Nachweis, dass das betreffende Unternehmen sich nicht in der Position einer *fragilen Organisation* befindet oder in diese getrieben wird. Über die drei Dimensionen *Orientierungskompetenz, Kontext Design* sowie *Resonante Kommunikation* kann ein Unternehmen seine dynamische Anpassungsfähigkeit aktiv beeinflussen und diese im Rahmen einer *Transformation Scorecard* anhand von Kenngrößen messen und steuern.

1.1 Aus der nachhaltigen und digitalen Transformation resultierender Finanzierungsbedarf

Die mit der strategischen Ausrichtung von Unternehmen auf die Erfordernisse von Nachhaltigkeit und Digitalisierung[1] verbundenen Herausforderungen sind allein schon mit Blick auf den zu erwartenden Investitionsbedarf in Deutschland als äußerst beachtlich einzustufen. So kommt eine Studie der Unternehmensberatung McKinsey & Company zu dem Ergebnis, dass bis zum Jahr 2045 allein für die Schaffung nachhaltiger Wertschöpfungsprozesse mit einem Investitionsbedarf in Höhe von (i. H. v.) rund 6 Billionen (Bill.) Euro (EUR) zu rechnen ist.[2] Dieser entspricht gemäß der Studie durchschnittlichen jährlichen Investitionen von rund (rd.) 240 Milliarden (Mrd.) EUR. Da es sich bei dem grundlegenden Umbau der Wirtschaft mit Blick auf eine ökologische und soziale Nachhaltigkeit insbesondere um eine Anpassung bestehender Wirtschaftsstrukturen handelt, verwundert es nicht, dass der Großteil dieses Finanzierungsbedarfes (rund 5 Bill. EUR) für Ersatzinvestitionen aufzubringen ist. Anders als im 20. Jahrhundert steht somit bei der ökologisch fokussierten Neuausrichtung der Wirtschaft in Deutschland nicht das Wachstum im Vordergrund, sondern der Ersatz bestehender Anlagen, Gebäude und Infrastruktur. Investitionen in existierende, stabile und kontinuierlich wachsende Märkte dürften tendenziell mit deutlich niedrigeren Risiken verbunden sein als Investitionen in grundlegend neue Wertschöpfungsprozesse und hochinnovative Geschäftsmodelle zur Reduktion von Emissionen, Energie- sowie Ressourcenverbrauch. Daher sind vermutlich diese auf ökologische Nachhaltigkeit ausgerichteten Transformationsfinanzierungen mit signifikant höheren Risiken verbunden als klassische Ersatz- und Wachstumsfinanzierungen. Zudem dürfte der hohe Anteil an Ersatzinvestitionen die Rentabilität der Investitionen belasten, da Ersatzinvestitionen zunächst zu einer Erhöhung des Aufwands, jedoch nicht notwendigerweise zu einer Steigerung des Ertrages bzw.

---

[1] Dies sind sicherlich wesentliche, jedoch vermutlich nicht die einzigen übergreifenden Herausforderungen für Unternehmen in Deutschland im 21. Jahrhundert. So können sich beispielsweise aus der Sicherstellung der Energie- und Rohstoffversorgung, der demografischen Entwicklung (vgl. Budliger 2021, Goodhart und Pradhan 2020 sowie Schirmer 2016), der (geo-)politischen Instabilität (s. Suder und Kallmorgen 2022) sowie der Reduktion der wirtschaftlichen Abhängigkeit von einzelnen Ländern (Stichworte: *resiliente Lieferketten* (vgl. Kleemann und Frühbeis 2021) und *Exportrisiken* (vgl. Haber und Ogertschnig 2020 sowie Sternad 2020, S. 48 ff.)) weitere (strategische) Handlungsbedarfe *(strategische Lücken)* für Unternehmen ergeben.

[2] Vgl. Helmcke et al. (2021, S. 8).

1.1 Aus der nachhaltigen und digitalen Transformation...

erst später zu einer Dämpfung oder Reduktion zukünftig erwarteter Aufwandssteigerungen (z. B. verursacht durch steigende CO_2-Preise) führen. Die von der Deutschen Bundesbank in ihrem Finanzstabilitätsbericht 2021 aufgezeigten ökonomischen Konsequenzen eines *Net Zero 2050*-Szenarios[3] für Unternehmen in Deutschland unterstreichen die mit der ökologischen Nachhaltigkeit verbundenen wirtschaftlichen Herausforderungen. So ist zu erwarten, dass die Unternehmenswerte in Deutschland real um rund 14 % sinken werden. Dabei ist insbesondere in emissionsintensiven Branchen (wie v. a. im Verarbeitenden Gewerbe und in der Energieversorgung) mit überproportionalen Wertschöpfungsverlusten zu rechnen.[4]

Hinzu kommt der für die digitale Transformation erforderliche Investitionsbedarf. Eine Studie der deutschen Förderbank Kreditanstalt für Wiederaufbau (KfW) kommt zu dem Ergebnis, dass die jährlichen IT-Investitionen in Deutschland allein schon auf das Doppelte bis Dreifache steigen müssten, um mit Ländern wie etwa Frankreich, Japan oder Großbritannien zumindest gleichziehen zu können.[5] Die IT-Investitionen müssten demnach in Deutschland von zuletzt 49 Mrd. EUR auf 100 bis 150 Mrd. EUR jährlich ansteigen. Allein für den deutschen Mittelstand würde sich hieraus eine Ausweitung der Investitionen von 18 Mrd. EUR im Jahr 2019 auf jährlich 35 bis 50 Mrd. EUR ergeben.

Wie beachtenswert diese jährlichen Investitionsbedarfe sind, zeigt sich bei einer näheren Betrachtung der bestehenden Verbindlichkeiten aller Unternehmen in Deutschland. Gemäß der von der Deutschen Bundesbank veröffentlichten Jahresabschlussstatistik beliefen sich die Verbindlichkeiten aller Unternehmen in Deutschland gegenüber Kreditinstituten im Jahr 2021 auf rd. 592,3 Mrd. EUR (davon 222,0 Mrd. EUR kurzfristig[6] und 370,3 Mrd. EUR langfristig).[7] Unter der Annahme einer vollständigen Außenfinanzierung der erforderlichen Investitionen in Nachhaltigkeit und Digitalisierung über Banken hätten demnach (im ersten Jahr 2021) diese um knapp 66 % (= (240 Mrd. EUR + 150 Mrd. EUR)/592,3 Mrd.

---

[3] Im Net Zero 2050-Szenario wird davon ausgegangen, dass bis zum Jahr 2050 eine globale Klimaneutralität im Sinne des 1,5 Grad Celsius-Zieles aus dem Pariser Klimaabkommen erreicht wird (vgl. Deutsche Bundesbank 2021a, S. 92 f.).
[4] Vgl. Deutsche Bundesbank (2021a, S. 94 f.).
[5] Vgl. Zimmermann (2021, S. 3 f.).
[6] Als kurzfristig gelten Verbindlichkeiten mit einer Laufzeit von bis zu einem Jahr (vgl. Deutsche Bundesbank 2022b, S. 7).
[7] Vgl. Deutsche Bundesbank (2022b, S. 15).

EUR) steigen müssen.[8] Die durchschnittliche Eigenmittelquote[9] deutscher Unternehmen per Ende 2021 i. H. v. rd. 31 %[10] würde hierdurch um rd. 2 %-Punkte auf 29 % sinken.[11] Dies ist sicherlich nur ein Gedankenexperiment. Im weiteren Verlauf wird sich zeigen, dass eine alleinige Kreditfinanzierung über Banken aufgrund der dadurch sinkenden Eigenkapitalquoten sowie der mit den Investitionen verbundenen hohen *Risiken* kaum realisierbar erscheint. Insbesondere die mit Transformationsvorhaben einhergehende grundlegende *Ungewissheit*[12] *(radical uncertainty*[13]*)* wird sich hier als eine ganz besonders große Herausforderung herausstellen. Zudem muss nicht unbedingt der gesamte Investitionsbedarf von Unternehmen aufgebracht werden. Dennoch kann der Bezug zu den ausstehenden Verbindlichkeiten dabei helfen, das Ausmaß des Investitionsbedarfes besser einschätzen zu können.

Es sei an dieser Stelle erwähnt, dass mit einer Transformation sicherlich nicht nur finanzielle Herausforderungen auf Unternehmen zukommen. So dürfte sich zum Beispiel zudem die Frage ergeben, ob Unternehmen überhaupt über angemessen qualifizierte Mitarbeiterinnen und Mitarbeiter *(Employability*[14]*)* sowie eine Transformation ermöglichende Führung, Organisationsstrukturen, Prozesse

---

[8] Aktuelle Schätzungen gehen sogar von einem jährlichen Investitionsbedarf für die nachhaltige und digitale Transformation in Deutschland von rd. 500 Mrd. EUR bis zum Jahr 2045 aus (vgl. Habdank 2023, S. 4). In diesem Fall hätten sich im Jahr 2021 die Verbindlichkeiten aller Unternehmen in Deutschland gegenüber Kreditinstituten sogar um rd. 84 % erhöhen müssen.

[9] Die Eigenmittelquote wird von der Deutschen Bundesbank definiert als das Verhältnis von Eigenmitteln der Unternehmen zur Bilanzsumme (vgl. Deutsche Bundesbank 2023, S. 74). Die Eigenmittel entsprechen dabei dem um Sonderposten mit Rücklageanteil berichtigten Eigenkapital (vgl. Röhl 2020, S. 7).

[10] Vgl. Deutsche Bundesbank (2023, S. 79).

[11] [1835,9 Mrd. EUR/(5940,3 Mrd. EUR + 390,0 Mrd. EUR)] = 29,0 %.

[12] Gemäß der Unsicherheitskonzeption von Frank Hyneman Knight können im Fall der Ungewissheit *(true uncertainty)* die mit einer Entscheidung verbundenen Unsicherheiten nicht mehr objektiv kalkuliert werden (vgl. Knight 1921, S. 232). Ungewissheit bedeutet somit, dass die Eintrittswahrscheinlichkeiten von Ereignissen nicht abgeschätzt werden können und möglicherweise noch nicht einmal mehr alle zukünftigen (wesentlichen) Ereignisse zum Entscheidungszeitpunkt erkennbar sind *(unbekanntes Nichtwissen,* vgl. Zeuch 2011, S. 13). Demgegenüber unterstellt der im Finanzbereich meist benutzte Begriff *Risiko,* dass zwar nicht bekannt ist, welche Ereignisse sich genau realisieren werden, jedoch welche grundsätzlich möglich und wie wahrscheinlich diese sind.

[13] Vgl. Kay und King (2020).

[14] *„Kerngedanke der Employability ist ein neuer sozialer Kontrakt zwischen Unternehmen und Mitarbeitern. In Zukunft werden der Erwerb und die Förderung der Beschäftigungsfähigkeit im Mittelpunkt stehen. Der Mitarbeiter wird zum Unternehmer in eigener Sache.*

und Anreizsysteme (i. S. eines angemessenen *Kontext Designs*[15]) verfügen. Diese Aspekte der Transformation lassen sich beispielsweise im Rahmen einer *Transformation Scorecard*[16] tiefgehender analysieren und in die Unternehmenssteuerung integrieren.

1.2 Merkmale und Herausforderungen einer Transformationsfinanzierung

Die hier näher zu betrachtende *Transformationsfinanzierung* lässt sich von Startup-Finanzierungen[17] bzw. Gründungsfinanzierungen sowie von der Finanzierung von Investitionen in bestehende Wertschöpfungsprozesse wie folgt abgrenzen:

▶ **Transformationsfinanzierung** Unter Transformationsfinanzierung ist die Beschaffung finanzieller Mittel zur Finanzierung strategischer Transformationsvorhaben von am Markt etablierten Unternehmen zu verstehen. Von einem strategischen Transformationsvorhaben ist dann zu sprechen, wenn die Zielsetzung der Strategie eine grundlegende sowie umfassende Veränderung der bestehenden Wertschöpfungsprozesse des Unternehmens impliziert.

Eine Transformationsfinanzierung unterscheidet sich demnach von einer Startup-Finanzierung dadurch, dass diese sich nur auf bereits existierende und mit einem (bisherigen) Geschäftsmodell am Markt erfolgreich operierende Unternehmen bezieht. Zudem ist eine Transformationsfinanzierung von einer klassischen Investitionsfinanzierung wie folgt abzugrenzen: Während eine Investitionsfinanzierung die finanziellen Mittel für Ersatz- und Erweiterungsinvestitionen

---

Durch permanente Erweiterung seines Kompetenzportfolios erhält er sich dauerhaft seine Marktfähigkeit" (Speck 2004, S. 31).

[15] Ziel des Kontext Designs ist es, Rahmenbedingungen zu schaffen, die ein gewünschtes Verhalten von Menschen ermöglichen und fördern (vgl. hierzu ausführlich Grundmann und Gleißner 2023, Abschn. 2.3).

[16] Die Transformation Scorecard dient der strategischen Analyse und Steuerung von Unternehmenstransformationen und basiert konzeptionell auf der von Robert Samuel Kaplan und David P. Norton entwickelten Balanced Scorecard (vgl. Grundmann und Gleißner 2023, Kap. 3).

[17] Vgl. Hahn (2018, S. 19 ff.).

etablierter Wertschöpfungsprozesse[18] bereitstellt, handelt es sich bei einer Transformationsfinanzierung um die Aufbringung finanzieller Mittel für Investitionen in substanziell neu zu entwickelnde Wertschöpfungsprozesse eines bestehenden Unternehmens. Für eine möglichst objektive Beurteilung, ob es sich bei dem zu finanzierenden Vorhaben um eine *Transformation* handelt, können die folgenden vier Kriterien herangezogen werden:[19]

> **Kriterien zur Identifikation einer Transformation**
> **Kriterium 1: Wertschöpfungsketten-Transformation**
> Die vom Transformationsvorhaben tangierten Wertschöpfungsprozesse verursachen mehr als 50 %[20] des unternehmensweiten Aufwands im fünften Planjahr.
>
> **Kriterium 2: Geschäftsmodell-Transformation**
> Die durch die Transformation veränderten oder neu zu entwickelnden Produkte und Dienstleistungen machen mehr als 50 %[21] des Gesamtertrags im fünften Planjahr aus.
>
> **Kriterium 3: Risiko-Transformation**
> Die für die Umsetzung der Transformation erforderlichen finanziellen Mittel sowie die ggf. notwendigen Abschreibungen auf Anlage- oder Umlaufvermögen betragen in Summe mehr als 30 %[22] des Eigenkapitals in der Ausgangssituation.
>
> **Kriterium 4: Kompetenz-Transformation**
> Das Unternehmen muss beispielsweise mit Blick auf die Digitalisierung oder das Nachhaltigkeitsmanagement neue Kompetenzen (wie z. B. eine datenanalytische Kompetenz und Transformationskompetenz *(Dynamic Capabilities*[23]*)*) aufbauen oder bestehende Fähigkeiten deutlich weiterentwickeln und diese umfassend in die Wertschöpfungsprozesse einbinden.

---

[18] Für eine ganzheitliche Darstellung des betrieblichen Wertschöpfungsprozesses siehe Stopka und Urban (2017, S. 3 ff.).

[19] Vgl. Grundmann und Gleißner (2023, Abschn. 2.1).

[20] Hiermit sind im Wesentlichen die Annahmen verbunden, dass der Aufwandsanteil dem Anteil der grundlegend neu zu gestaltenden Wertschöpfungskette entspricht und dass ab einem Anteil von 50 % (nach der Etablierung der neuen Strukturen und Prozesse in einem Zeitraum von fünf Jahren) von einer grundlegenden und umfassenden Veränderung der bestehenden Wertschöpfungsprozesse auszugehen ist.

1.2 Merkmale und Herausforderungen einer Transformationsfinanzierung

Ein Vorhaben weist genau dann einen transformativen Charakter auf, wenn mindestens eines dieser vier Kriterien erfüllt ist. Sollte ein Veränderungsvorhaben keines der vier Kriterien erfüllen, so kann von *Change* gesprochen werden. Eine Transformation lässt sich zudem klar von der Konzeption der *Resilienz* abgrenzen: Während Transformationsprozesse primär das Ziel der Erreichung neuer Entwicklungspfade verfolgen, strebt Resilienz eher nach der Beibehaltung bzw. möglichst zeitnahen Wiederherstellung bereits etablierter Kernfunktionalitäten und Entwicklungen.[24]

Aus dieser Definition und begrifflichen Abgrenzung lässt sich bereits ableiten, dass eine Transformationsfinanzierung im Vergleich zu einer Investitionsfinanzierung tendenziell ein deutlich größeres Risiko – im Sinne einer größeren möglichen positiven wie negativen Abweichung bonitätsrelevanter Finanzkennzahlen von einer zu erwartenden Entwicklung – aufweist. Das hohe Risiko kann dann in Verbindung mit einem transformationsgetriebenen Anstieg an *Komplexität*[25] und Ungewissheit zu einer deutlichen Erhöhung der Insolvenzwahrscheinlichkeit bzw. einer sinkenden Bonität des Unternehmens führen.

---

[21] Dies gilt unter der Prämisse, dass der Ertragsanteil mit dem Anteil des neu zu etablierenden Geschäftsmodells korrespondiert.

[22] Hierbei handelt es sich um einen aus der Analyse der Abhängigkeit der Unternehmensbonität von der Eigenkapitalquote deduzierten Grenzwert.

[23] Gemäß David J. Teece, Gary Pisano und Amy Shuen sind Dynamic Capabilities von Unternehmen zu definieren als *"[...] the firm's ability to integrate, build and reconfigure internal and external resources to address rapidly changing environments. Dynamic capabilities thus reflect an organization's ability to achieve new and innovative forms of competitive advantage given path dependencies and market positions"* (Teece et al. 1997, S. 516).

[24] So definiert die Fraunhofer Gesellschaft zur Förderung der angewandten Forschung Resilienz als *„die Fähigkeit sozio-technischer Systeme, Schocks und Störereignisse zu absorbieren und Kernfunktionalitäten aufrecht zu erhalten bzw. schnell wiederherzustellen sowie aus Erfahrungen zu lernen und sich an veränderte Umweltbedingungen anzupassen"* (Hiermaier et al. 2021, S. 4). In ähnlicher Weise konkretisiert Markus Konrad Brunnermeier in seiner vielbeachteten Publikation *Die resiliente Gesellschaft* Resilienz als *„eine »Fähigkeit, zurückzufedern«"* (Brunnermeier 2021, S. 13). *„Die Resilienz, das Zurückfedern, bezeichnet – in formaler mathematischer Sprache – die Rückkehr zum Mittelwert"* (ebenda, S. 25).

[25] Als komplex ist eine Situation bzw. ein System nach Franz Reither, einem Schüler von Dietrich Dörner, dann zu bezeichnen, wenn sie/es unüberschaubar, vernetzt, eigendynamisch, undurchsichtig, wahrscheinlichkeitsabhängig und/oder instabil ist (vgl. Reither 1997, S. 14). Dietrich Dörner selber fokussiert sich in seiner Komplexitätsdefinition stark auf den Vernetzungsaspekt. Komplexität zeichnet sich demnach insbesondere durch eine wechselseitige Abhängigkeit einer Vielzahl von Einflussfaktoren aus (vgl. Dörner 2003, S. 60). Für eine tiefgehendere Erläuterung des Einflusses einer nachhaltigen Transformation auf die von Unternehmen zu bewältigende Komplexität siehe Grundmann und Gleißner (2023, Abschn. 1.1).

Auch wenn das Zusammenspiel aus hohem Risiko, Komplexität und Ungewissheit eine Eigenkapitalfinanzierung – beispielsweise durch eine mehrjährige Thesaurierung (Einbehaltung) von Gewinnen (offene Selbstfinanzierung) – nahelegt[26], werden im Folgenden schwerpunktmäßig die Möglichkeiten einer Fremdkapitalfinanzierung analysiert.[27] Hierfür spricht zum einen, dass bei einer Finanzierung über externe Eigenkapitalgeber *(Private Equity)* die Unternehmensleitung vermutlich einen (weiteren) Teil der Kontrolle abgeben müsste. Zum anderen dürfte unter ökonomischen Gesichtspunkten der mit einer v. a. externen Eigenkapitalfinanzierung verbundene Anstieg der Kapitalkosten für einen großen Teil der Unternehmen nur sehr schwer zu finanzieren sein.[28] Dies gilt umso mehr, je weniger die Transformationsfinanzierung zu steigenden Erträgen bzw. zu zukünftig stark sinkenden Aufwendungen führt. Dies kann – wie bereits zuvor erläutert – insbesondere bei ökologisch motivierten Transformationsvorhaben der Fall sein, da hier v. a. eine Verringerung zunehmend kostenintensiver Emissionen sowie ein (relativ zur Leistung) sinkender Energie- und Ressourcenverbrauch (bei tendenziell steigenden Preisen) im Vordergrund stehen dürften. Wie anhand des abschließend skizzierten Praxisbeispiels aufgezeigt wird, kann der durch eine Transformationsfinanzierung ausgelöste Anstieg der Finanzierungskosten um mehrere hundert Basispunkte vermutlich nicht einmal ansatzweise durch die aktuellen Vergünstigungen von *Green Finance*-Finanzierungen i. H. v. meist wenigen Basispunkten[29] kompensiert werden.[30]

Das Risikoprofil eines fremdkapitalfinanzierten Transformationsvorhabens entspricht folglich in weiten Teilen dem eines Risikodarlehens *(Venture Debt)*.

---

[26] So finanzierte der deutsche Mittelstand seine Investitionen im Jahr 2020 zu 52 % aus Eigenmitteln und nur zu 29 % aus Bankkrediten (ferner zu 13 % aus Fördermitteln sowie zu 5 % aus sonstigen Finanzierungsquellen, vgl. Schwartz und Gerstenberger 2021, S. 21).

[27] Einen guten Überblick bezüglich grundsätzlicher Finanzierungsoptionen von Innovationsvorhaben bieten Hoppe (2021) sowie Kampe und Uphaus (2021).

[28] So geben beispielsweise im Jahr 2022 42 % der institutionellen Investoren an, über die gesamte Laufzeit ihres Private-Equity-Portfolios eine Netto-Rendite von mehr als 15 % zu erzielen (vgl. Ruhrkamp 2022).

[29] Ein Basispunkt entspricht dabei einem Hundertstel eines Prozentpunktes (Beispiel: 1 Basispunkt = 0,01 %-Punkte).

[30] So wird beispielsweise von der Deutschen Bank eine Zinsverbilligung für Investitionen mit Nachhaltigkeitsfokus von bis zu 25 Basispunkten (ESG Note A) diskutiert. Hinzu kommt gemäß dem von der Deutschen Bank angeregten Förderprogramm *Transformation Deutschland* ein Tilgungszuschuss von bis zu 5 % sowie eine Haftungsfreistellung für die finanzierende Bank von bis zu 80 % (vgl. hierzu Deutsche Bank 2021, S. 14 f.).

1.2 Merkmale und Herausforderungen einer Transformationsfinanzierung

Venture Debt weist eine geringere Verlustgefahr auf als Venture Capital[31], jedoch eine höhere Verlustgefahr als der klassische Bankkredit oder *Private Debt*[32]. Eine Venture Debt-Finanzierung wird tendenziell für einen Zeitraum von zwei bis vier Jahren bereitgestellt, ist als Terminkredit ausgestaltet und wird (idealerweise) vollständig besichert. Die jährliche Verzinsung variiert zwischen 6 und 12 %.[33] Damit weist eine Venture Debt-Finanzierung von der Tendenz her eine niedrigere Verzinsung auf als eine Venture Capital-Finanzierung, was v. a. auf ein geringeres Risiko zurückzuführen ist.

Mit Blick auf das durch eine Transformation induzierte steigende Risiko sowie die sich deutlich erhöhende Ungewissheit und Komplexität kann es für Unternehmen vorteilhaft sein, sich möglichst frühzeitig mit den zu erwartenden Auswirkungen des Transformationsvorhabens auf die Entwicklung der Bonität und damit auf die Finanzierungskonditionen sowie die Finanzierungsmöglichkeiten auseinanderzusetzen. Ziel könnte es sein, die mit Blick auf die Wahrung einer bestimmten Mindestbonität längerfristig tragfähigen Finanzierungskonditionen – wie die Finanzierungsart (Eigen- oder Fremdkapital), das Finanzierungsvolumen, die Besicherung und die Zinskonditionen – vorausschauend und systematisch analysieren zu können und hierauf aufbauend Maßnahmen zur Rating-Verbesserung abzuleiten sowie zu simulieren. Damit wird die Möglichkeit geschaffen, die aus Sicht einer nachhaltigen Transformationsfinanzierung relevanten Voraussetzungen und Restriktionen gleich zu Beginn in die Planung der Umsetzung des Transformationsprozesses mit einzubeziehen. Zudem kann aufgezeigt werden, wie lange ein Unternehmen seine Bonität und Finanzierung voraussichtlich noch aufrechterhalten kann, wenn es das Transformationsvorhaben nicht angehen sollte.

---

[31] Gemäß einer weitgefassten Definition sind unter dem Begriff Venture Capital eigenkapitalähnliche Finanzierungsinstrumente zu verstehen, die eine haftende Funktion für das Zielunternehmen erfüllen (vgl. Heuzeroth 2022, S. 34).

[32] Unter Private Debt sind Fremdfinanzierungsinstrumente zu subsumieren, die vorwiegend von privatwirtschaftlichen (institutionellen) Investoren außerhalb des Bankensektors zur Verfügung gestellt werden.

[33] Vgl. Heuzeroth (2022, S. 39 ff.).

1.3 Steigende Bedeutung der organisationalen Positionierung von Unternehmen

Wenn die sich abzeichnende *strategische Lücke*[34] nicht durch eine angemessene Weiterentwicklung des Unternehmens geschlossen wird und das Unternehmen unangemessen in einer *Change*-Position verharrt, so kann sich das Unternehmen zu einer *fragilen Organisation* entwickeln (vgl. Abb. 1.1). Diese zeichnet sich insbesondere dadurch aus, dass im Zeitverlauf die Handlungsoptionen immer weniger werden und die Gestaltungspotenziale nahezu kontinuierlich sinken. Bereits kleinere Veränderungen sowohl außerhalb als auch innerhalb des Unternehmens können dann zu ernsthaften Liquiditäts- und Rentabilitätskrisen führen. In der Konsequenz steigt die Insolvenzwahrscheinlichkeit des Unternehmens und die Bonität sinkt. Das Unternehmen hat sich dann mit seiner – bewussten oder auch unbewussten – Entscheidung, sich nicht den absehbaren Entwicklungen frühzeitig anzupassen, selbst in eine bestandsgefährdende Lage gebracht. Das Unternehmen befindet sich dann am Ende seines Lebenszyklus[35], der in Deutschland rund 16 Jahre beträgt.[36] Eine Unternehmensfortführung kann dann eventuell durch eine frühzeitige Restrukturierung oder eine Sanierung ganz am Ende noch ermöglicht werden. Da eine Restrukturierung[37] und insbesondere eine

---

[34] Eine strategische Lücke gibt die Differenz zwischen einer Fortschreibung des Status quo (inkl. Schließung einer ggf. vorhandenen *operativen Lücke* i. S. einer Realisation eines operativen Optimierungspotenzials) sowie einem wünschenswerten bzw. einem für das Fortbestehen des Unternehmens erforderlichen strategischen Zukunftsbild an (vgl. Nagel und Wimmer 2014, S. 122 f.).

[35] Vgl. hierzu Reinemann (2019, S. 50 ff.) sowie Wäber (2008).

[36] Unternehmen des Verarbeitenden Gewerbes, des Handwerks und der Industrie sterben im Durchschnitt erst nach fast 25 Jahren. Fast die Hälfte der Unternehmen (rund 45 %) sind höchstens zehn Jahre alt, nur 3,5 % (1,2 %) der noch existierenden Unternehmen wurden vor über 50 (100) Jahren gegründet (vgl. Creditreform 2019). Bezogen auf den Deutschen Mittelstand kommt eine Untersuchung der Commerzbank zu einem Durchschnittsalter der Unternehmen von 44 Jahren (vgl. Commerzbank 2018). Andere Untersuchungen, wie beispielsweise Forschungsergebnisse von Rafael Weißbach von der Universität Rostock, kommen bezogen auf alle Unternehmen in Deutschland mit 8 bis 10 Jahren zu einer deutlich kürzeren durchschnittlichen Lebensdauer (vgl. Weißbach 2016).

[37] Zur risikogerechten Bewertung und Erfolgswahrscheinlichkeitenbestimmung von Restrukturierungsstrategien siehe Gleißner (2018, S. 1343 ff.); Ansatzpunkte für eine fallstudienbasierte Reflexion wesentlicher Risikofaktoren einer Restrukturierung bietet Berner (2015, S. 163 ff.).

1.3 Steigende Bedeutung der organisationalen...

Sanierung[38] ebenfalls mit einem hohen Risiko sowie den Herausforderungen von Ungewissheit und Komplexität verbunden sind, kann die Unternehmensführung durch ein frühzeitiges „Übersehen" erforderlicher Transformationsmaßnahmen nur temporär einem Anstieg von Risiko, Ungewissheit und Komplexität entgehen.

Im Rahmen einer *optimierenden Organisation* wird insbesondere durch die Verbesserung bestehender Prozesse und eine Anpassung an aktuelle Entwicklungen im Unternehmensumfeld der v. a. finanzielle Unternehmenserfolg zu halten oder – wenn möglich – zu steigern versucht. Die damit verbundenen Unsicherheiten können gemäß der von Frank Hyneman Knight 1921[39] festgelegten Definition als *Risiken* behandelt werden, die relativ leicht zu quantifizieren sind (beispielsweise auf der Basis von historischen Daten oder erfahrungsbasierten Experteneinschätzungen). Können die bestehenden Handlungsmuster (beispielsweise aufgrund einer erhöhten Wettbewerbsintensität in reifen Märkten) nicht mehr vollständig aufrechterhalten werden, so können diese mittels eines *exploitativen Lernprozesses*[40] durch eine Reorganisation verändert werden *(lernende Organisation)*. Sollte sich im Rahmen der strategischen Analyse ein größerer Handlungsbedarf abzeichnen, so muss das Unternehmen in weiten Teilen das gewohnte Tätigkeitsfeld verlassen und/oder die Art der Leistungserbringung grundlegend verändern *(forschende Organisation)*. Die damit vermutlich einhergehende umfassende strategische Lücke kann gemäß Frank Hyneman Knight für die Unternehmensleitung zu einer *true uncertainty*[41] (Ungewissheit) führen. Die mit der Umsetzung der Strategie verbundene Unsicherheit lässt sich – insbesondere aufgrund fehlenden Wissens – nicht mehr so einfach kalkulieren. Das Unternehmen muss dann im Rahmen eines *explorativen Lernprozesses* kontinuierlich herausfinden, welche Strukturen und Verhaltensweisen ein Schließen der strategischen Lücke ermöglichen.

---

[38] Eine Übersicht bezüglich Risiko- und Erfolgsfaktoren unterschiedlicher Sanierungstypen und -formen bietet Hohberger (2019, S. 88 ff.); Gestaltungsoptionen für ein Krisenmanagement aus Finanziersicht sind zu finden bei Ringelspacher (2021, S. 465 ff.); für eine fallstudienbasierte Darstellung der Herausforderungen und Risiken im Rahmen einer Sanierung siehe Berner (2015, S. 95 ff.).

[39] Vgl. Knight (1921).

[40] Exploitatives Lernen bedeutet die Aneignung bestehenden Wissens, während exploratives Lernen sich durch eine Wissens- und Kompetenzerweiterung auszeichnet (vgl. Guth 2021, S. 11).

[41] Vgl. Knight (1921, S. 232).

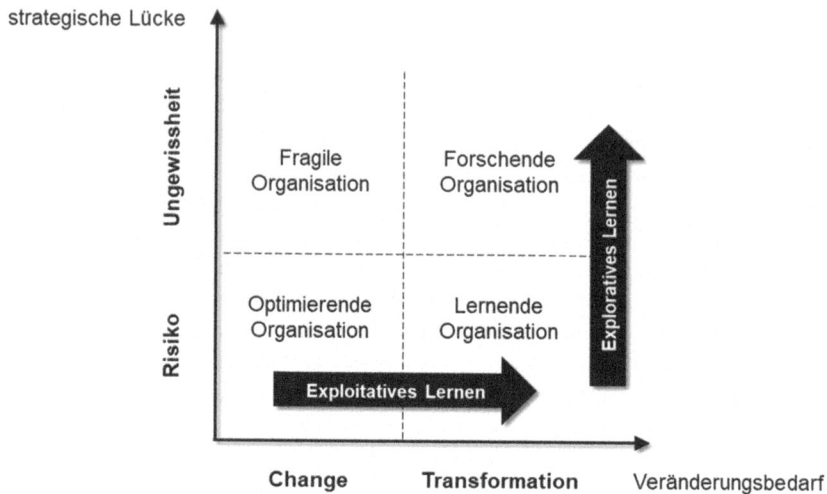

Abb. 1.1 Organisationale Positionierung in Abhängigkeit von strategischer Lücke und identifiziertem Veränderungsbedarf[42]

1.4 Für eine Transformationsfinanzierung erforderliche strategische Erfolgspotenziale

Eine wesentliche Voraussetzung für die Mittelaufbringung im Rahmen eines Transformationsvorhabens ist der glaubwürde Nachweis, dass das betreffende Unternehmen sich nicht in der Position einer fragilen Organisation befindet oder in diese getrieben wird. Daher sollte es ein wesentliches Ziel der strategischen Unternehmensführung sein, ein möglichst wandlungsfähiges Unternehmen zu erschaffen. Dies ist so flexibel und beweglich, dass es sich auch an unvorhergesehene Entwicklungen anpassen kann. Für eine systematische Messung und Steuerung dieser Anpassungsfähigkeiten kann auf den von David J. Teece, Gary Pisano und Amy Shuen entwickelten Ansatz der Dynamic Capabilities zurückgegriffen werden.[43] Diese dynamischen Fähigkeiten können über die drei Dimensionen

---

[42] Eine ausführlichere Erläuterung aller organisationalen Positionierungen ist Grundmann und Gleißner (2023, Abschn. 2.2) zu entnehmen.

[43] Vgl. Teece et al. (1997, S. 516); zur Einordnung der Dynamic Capabilities in den übergeordneten Bereich der organisationalen Kompetenzen s. Hutterer (2013, S. 181 ff.) sowie Schreyögg und Eberl (2015, S. 156 ff.).

1.4 Für eine Transformationsfinanzierung erforderliche strategische ...

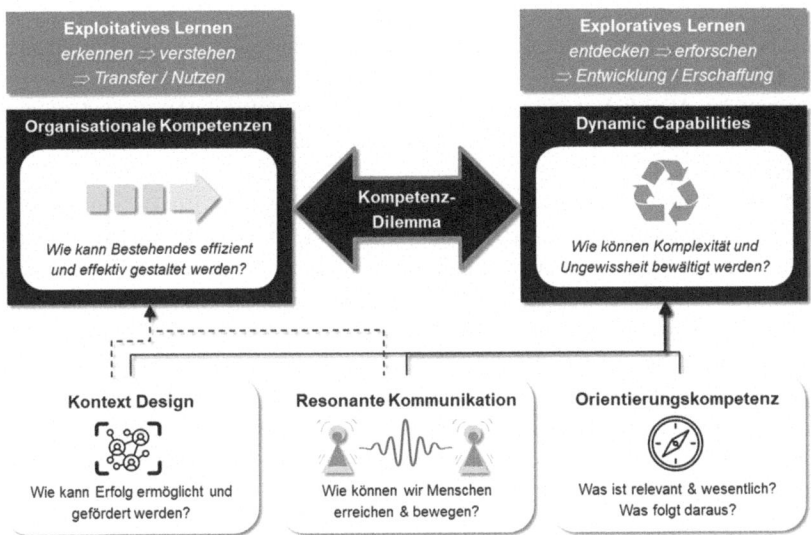

Abb. 1.2 Strategische Erfolgspotenziale bezüglich organisationaler Kompetenzen sowie der Fähigkeit zur Selbsterneuerung *(Dynamic Capabilities)*[45]

Orientierungskompetenz, Kontext Design sowie *Resonante Kommunikation* (vgl. Abb. 1.2) von Unternehmen aktiv beeinflusst sowie im Rahmen einer Transformation Scorecard anhand von Kenngrößen gemessen und gesteuert werden.[44] Die Dynamic Capabilities nehmen ebenfalls im Rahmen des im weiteren Verlauf noch zu entwickelnden Dynamic-Capabilities-Rating eine Schlüsselrolle ein. Dieses ermöglicht eine Beurteilung der aktuellen und zu erwartenden Entwicklung der dynamischen Leistungsfähigkeit eines Unternehmens mit Blick auf die Wahrung einer angestrebten Mindestbonität.

Als eine besondere Herausforderung der Dynamic Capabilities kann das damit einhergehende *Kompetenz-Dilemma*[46] gesehen werden. Demnach muss sich ein Unternehmen entscheiden, ob es eher mittels eines exploitativen Lernens die

---

[44] Vgl. hierzu ausführlich Grundmann und Gleißner (2023, Kap. 3).

[45] Für eine detailliertere Erläuterung exploitativen und explorativen Lernens, der organisationalen Kompetenzen sowie des Kompetenz-Dilemmas siehe Grundmann und Gleißner (2023, Abschn. 2.3).

[46] Vgl. Schreyögg und Eberl (2015, S. 131 f.).

organisationalen Kompetenzen zur Verbesserung der bestehenden Wertschöpfungsprozesse fördern will oder mittels eines explorativen Lernens die Dynamic Capabilities ausbauen möchte, welche gerade diese etablierten Wertschöpfungsprozesse im Hinblick auf die Anpassung an zukünftige Herausforderungen substanziell verändern (und damit bestehende organisationale Kompetenzen abwerten).

Da eine Unternehmenstransformation über ein steigendes Risiko, eine zunehmende Ungewissheit sowie eine Erhöhung der Komplexität insbesondere Auswirkungen auf die Risikotragfähigkeit und folglich auf die Bonität von Unternehmen haben kann, wird im Folgenden die Funktionsweise von Ratingsystemen zur Bonitätseinschätzung näher betrachtet. Hier wird insbesondere der Bezug zu den Kredit-Ratingsystemen von Banken hergestellt, da deutsche Unternehmen einen nennenswerten Anteil ihres Fremdkapitals über Banken finanzieren.[47] Darauf aufbauend wird aufgezeigt, wie bestehende Kredit-Ratingsysteme mit Blick auf eine möglichst gute Bonitätsbeurteilung im Rahmen von Transformationsfinanzierungen weiterentwickelt werden können.

> **Die folgenden sechs Fragen bieten den Raum zur Reflexion der dargelegten Zusammenhänge**
>
> - In welcher Position aus strategischer Lücke und Veränderungsbedarf befindet sich das Unternehmen? Wie groß schätzen Sie die Gefahr ein, dass sich das Unternehmen (zunehmend) in die gefährliche Position einer *fragilen Organisation* bewegt?
> - Welcher Finanzierungsbedarf könnte in den kommenden fünf Jahren mit einem Transformationsvorhaben zur Schließung strategischer Lücken verbunden sein?
> - Wie würde sich eine vollständige Fremdkapitalfinanzierung dieses Vorhabens auf die Eigenkapitalquote und Bonität des Unternehmens auswirken?
> - Wie gehen Sie mit dem Zielkonflikt um, dass Fremdkapitalgeber während des Zeitraums der Finanzierung eine transformationsinduzierte

---

[47] So beläuft sich der Anteil von Verbindlichkeiten gegenüber Kreditinstituten an den gesamten langfristigen Verbindlichkeiten von Unternehmen in Deutschland im Jahr 2021 auf rund 44 % (vgl. Deutsche Bundesbank 2022b, S. 15). Europaweit finanzieren sich die Unternehmen sogar zu rd. 70 % über Banken (vgl. Habdank 2023, S. 4).

1.4 Für eine Transformationsfinanzierung erforderliche strategische …

Ungewissheit aufseiten des Unternehmens vermeiden wollen, während gleichzeitig das Unternehmen zur Wahrung des Überlebens einen Transformationsprozess zeitnah einleiten muss?
- Was können Sie unternehmen, um die Dynamic Capabilities eines Unternehmens zu verbessern?

Erforderliche Erweiterungen klassischer Kredit-Ratingsysteme von Banken im Rahmen von Transformationsfinanzierungen

Zusammenfassung

Klassische Kredit-Ratingsysteme gehen (meist implizit) von der Annahme aus, dass ein Unternehmen sein bestehendes Geschäftsmodell und seine Wertschöpfungsprozesse während der Kreditlaufzeit weitestgehend unverändert fortführen kann. Eine Transformation zeichnet sich gerade dadurch aus, dass die bestehenden Wertschöpfungsprozesse bzw. Geschäftsmodelle während des Finanzierungszeitraums nicht mehr beibehalten werden können. Für eine angemessene Bewertung der mit einer Transformationsfinanzierung verbundenen Risiken ist daher – ergänzend zur erwarteten finanziellen Entwicklung – eine mögliche Bonitätsgefährdung im Falle eines Stress-Szenarios zu berücksichtigen. In einer unternehmensweiten Risikostrategie sind dann sowohl für die erwartete Entwicklung als auch für das Stress-Szenario einzuhaltende Bonitätsanforderungen (i. S. eines minimal einzuhaltenden Mindest-Ratings) festzulegen. Voraussetzung für eine tragfähige Transformationsfinanzierung ist dann, dass sowohl das für die erwartete Entwicklung als auch das für die Entwicklung in einem Stress-Szenario ermittelte Rating noch dem Mindest-Rating entspricht. Andernfalls ist beispielsweise das Volumen der Finanzierung so weit zu reduzieren, dass die Mindestanforderungen eingehalten werden können. Die Fähigkeit eines Unternehmens, mit der aus einer Transformation resultierenden hohen Ungewissheit umgehen zu können, kann auf Basis eines ergänzenden *Dynamic-Capabilities-Ratings* bewertet werden. Dieses Rating sollte nach Möglichkeit besser sein als das für die erwartete Entwicklung festgelegte Mindest-Rating.

2.1 Klassische Kredit-Ratingsysteme von Banken

Im Rahmen von klassischen Kredit-Ratingsystemen wird insbesondere auf der Basis einer quantitativen Analyse von aktuellen Finanzkennzahlen, einer Branchenanalyse sowie einer qualitativen Analyse unternehmensspezifischer Erfolgsfaktoren eine Risikoeinstufung von Unternehmen vorgenommen. Die Risikoeinstufung erfolgt dabei mittels sogenannter *Ratingnoten*. Eine Ratingnote ist im Wesentlichen Ausdruck für die Insolvenz- bzw. Ausfallwahrscheinlichkeit eines Unternehmens. Auf Basis historischer Daten kann regelmäßig überprüft werden, ob sich diese für einen bestimmten Zeitraum (z. B. für ein Jahr) angenommenen Wahrscheinlichkeiten bewähren oder ob diese anzupassen sind.[1] Dabei *„muss sichergestellt werden, dass ein Unternehmen bezüglich der wesentlichen Faktoren repräsentativ für die Grundgesamtheit ist, auf deren Basis das Ratingverfahren entwickelt wurde."*[2] Ergänzend werden insbesondere von Banken noch sogenannte *Warnsignale* in die Bonitätsermittlung mit einbezogen (vgl. Abb. 2.1). Warnsignale können die Unterschreitung bestimmter Mindeststandards für ausgewählte Ratingkriterien (wie z. B. eine Nachfolgeregelung bezüglich der Unternehmensführung) oder auch Kontoführungsprobleme (wie beispielsweise Überziehungen oder Lastschriftrückgaben) sein.[3]

Die Risikoeinstufung stellt einen wesentlichen Schritt im Rahmen des Kreditvergabeprozesses dar. Gemäß den von Banken einzuhaltenden Mindestanforderungen an das Risikomanagement *(MaRisk)* dient die Ratingbestimmung u. a. der Einschätzung der *Kapitaldienstfähigkeit* von Kreditnehmern.[4] Im Rahmen der Beurteilung der Kapitaldienstfähigkeit sind insbesondere die drei Prinzipien *Nachhaltigkeit*[5], *Zukunftsorientierung* und *Cashflow-Orientierung*[6] von

---

[1] Vgl. Gleißner und Wingenroth (2015a, S. 15 f.).
[2] Vgl. Gleißner und Wingenroth (2015b, S. 19).
[3] Vgl. Müller et al. (2012, S. 31 ff.).
[4] Vgl. Munsch und Munsch (2017, S. 282 f.) sowie in den MaRisk BTO (Anforderungen an die Aufbau- und Ablauforganisation) 1.2.1 Kreditgewährung, Textziffer (Tz.) 1 (siehe hierzu auch den Kommentar von Hannemann et al. 2022, S. 1412 f.).
[5] Unter Nachhaltigkeit ist hier sowohl die Fortführung der Betriebstätigkeit des Unternehmens (vgl. Tallau 2018, S. 224) als auch die Betrachtung der Auswirkungen von *ESG-Risiken* (siehe hierzu die Ausführungen im Folgenden) zu verstehen (vgl. Entwurf der MaRisk in der Fassung vom 26.09.2022, BaFin 2022, S. 70).
[6] *„Zins- und Tilgungszahlungen sind aus liquiden Mitteln zu leisten. Zur Beurteilung der Kapitaldienstfähigkeit ist daher der für Fremdkapitalgeber verbleibende Nettofluss liquider Mittel („Kapitaldienst-Cashflow") entscheidend"* (Tallau 2018, S. 224).

2.1 Klassische Kredit-Ratingsysteme von Banken

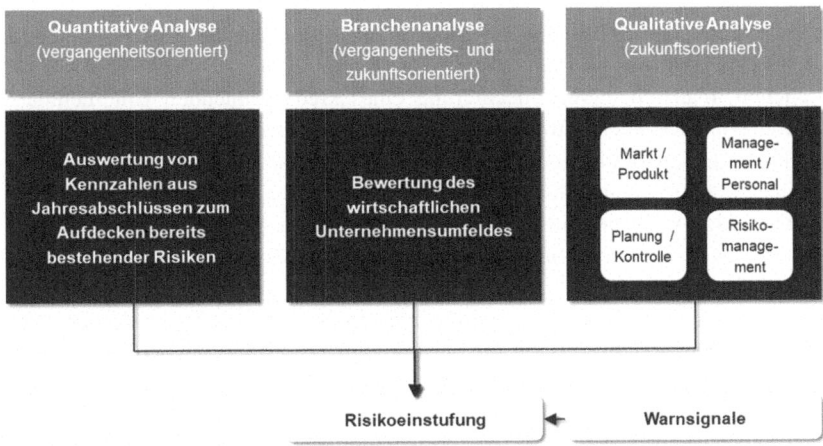

Abb. 2.1 Grundlegender Aufbau klassischer Kredit-Ratingsysteme

den Banken zu beachten.[7] Eine im Hinblick auf Transformationsfinanzierungen besonders wichtige (meist implizite) Annahme klassischer Kredit-Ratingsysteme ist, dass die jeweils betrachteten Unternehmen im Wesentlichen ihr Geschäftsmodell sowie ihre elementaren Wertschöpfungsprozesse während der Kreditlaufzeit unverändert fortführen (können). So ermöglicht eine insbesondere auf aktuelle Finanzkennzahlen beruhende quantitative Analyse v. a. dann eine (zumindest indikative) Aussage bezüglich der Risikotragfähigkeit eines Unternehmens, wenn die Risiken – aufgrund von in der Vergangenheit gesammelten Erfahrungswerten – als im Wesentlichen bekannt, gut quantifizierbar und weitestgehend in die Zukunft extrapolierbar eingestuft werden können.[8] Da diese Annahme in einigen Fällen deutlich zu restriktiv sein dürfte, berücksichtigen fortgeschrittenere Rating-Ansätze explizit die zukünftig zu erwartende finanzielle Entwicklung eines Unternehmens (Finanzplanung[9]) sowie die Auswirkungen der mit der Planung

---

[7] Vgl. Tallau (2018, S. 224).

[8] Für die Bedeutung einer Bilanzanalyse im Rahmen einer quantitativen Rating-Analyse siehe Grundwald und Grundwald (2008, S. 77 ff.), Gleißner und Füser (2014, S. 154 ff.) sowie Dimler et al. (2018, S. 42 f.); für entsprechende Ansätze im Rahmen eines Selbstratings siehe Müller et al. (2012, S. 55 ff.); eine Erläuterung der Ermittlung von Ausfallwahrscheinlichkeiten im Kontext bankinterner Ratingverfahren bietet Walz (2020, S. 85 ff.).

[9] Zur Anfertigung von finanziellen Prognoserechnungen siehe Seppelfricke (2019, S. 239 ff.).

einhergehenden wesentlichen Risiken.[10] Banken, die in ihre Ratingermittlung keine finanziellen Planzahlen berücksichtigen, können sich darum bemühen, sich durch die Aufnahme von Klauseln im Kreditvertrag *(Covenants)* vor einer möglichen finanziellen Verschlechterung eines kreditnehmenden Unternehmens zu schützen. Besonders attraktiv können für die kreditgewährende Bank die Vereinbarung von *Financial Covenants*[11] sein, welche beispielsweise bei einer Verschlechterung finanzieller Kennzahlen den Banken besondere Rechte (wie eine vorzeitige Fälligstellung des Kredites) einräumen. Banken gehen mit einem solch reaktiven Kreditrisikomanagement jedoch die Gefahr ein, dass ihr Rückgriff auf entsprechende Klauseln die Bonität des kreditnehmenden Unternehmens noch weiter verschlechtert. Um in einer solchen potenziellen Krisensituation den möglichen finanziellen Schaden für die Bank zu begrenzen, bevorzugen Banken gerade bei großen Kreditvolumina die Aufteilung der Kreditvergabe auf mehrere Banken *(Konsortialkredit, syndizierter Kredit)* oder den Transfer von Risiken auf Dritte (wie beispielsweise im Rahmen von staatlich garantierten *Förderdarlehen*[12] oder durch die *Verbriefung von Krediten*[13]). Für Unternehmen kann es daher – gerade zu Beginn eines Transformationsprozesses – ein ganz zentrales Ziel sein, solche potenziell krisenverstärkenden Klauseln nicht zu akzeptieren bzw. diese so weit wie möglich zu vermeiden. Die recht hohe *Wettbewerbsintensität*[14] unter den in Deutschland agierenden Kreditinstituten kann hier Unternehmen eine entsprechende Verhandlungsmacht eröffnen. Zudem kann es für ein Unternehmen

---

[10] Vgl. hierzu Gleißner und Füser (2014, S. 183 ff.); für eine fachlich gut fundierte Diskussion der Grenzen statistischer Messkonzepte im Rahmen der Risikoanalyse siehe Heri und Zimmermann (2001).

[11] Unter Financial Covenants sind *„Verhaltenspflichten [zu verstehen], die sich an die wirtschaftliche Leistungskraft der Kreditnehmerin anlehnen und ein „Frühwarnsystem" bieten sollen, wenn sich die wirtschaftliche Ertragskraft und damit die Möglichkeit des Unternehmens, bestehende Kredite, Anleihen oder andere Finanzierungsinstrumente zu bedienen, verschlechtern. Das durch die Financial Covenants zu schaffende Frühwarnsystem soll damit den Kreditgebern die Möglichkeit geben, wenn sich die wirtschaftliche Lage der Kreditnehmerin verschlechtert, frühzeitig gegenzusteuern und entsprechende „Sicherungsmaßnahmen" ergreifen zu können"* (Regelin und Bourgeois 2013, S. 184).

[12] Vgl. Dykiert (2021, S. 78 ff.).

[13] Vgl. Zirkler et al. (2020, S. 57 ff.), Wesser (2019) sowie Habdank (2023, S. 4).

[14] So prognostizieren Bain & Company, dass sich *„die Wettbewerbskonsolidierung im umkämpften Bankenmarkt [...] beschleunigen [wird]"* (Sinn et al. 2022, S. 27). Für die sehr hohe Wettbewerbsintensität spricht zudem die im internationalen Vergleich sehr geringe *Five-Bank Concentration Ratio,* welche den Anteil der größten fünf Banken eines Landes an den gesamten Bankaktiva misst (vgl. Buch und Dages 2018, S. 13 und 86).

2.1 Klassische Kredit-Ratingsysteme von Banken

vorteilhaft sein, die Anzahl der kreditgewährenden Banken bzw. einen Transfer von Risiken auf Dritte zu begrenzen. Für den Fall einer finanziell kritischen Entwicklung kann hierdurch aus Sicht des Unternehmens die Gefahr einer *Verantwortungsdiffusion*[15] aufseiten der Banken bzw. Kreditgeber vermindert und die Bereitschaft zur gemeinsamen konstruktiven Lösungsfindung gestärkt werden. Bei der Inanspruchnahme von öffentlichen Förderprogrammen kann sich ein Unternehmen zudem von situativen und *politisch motivierten Vergabe- und Entscheidungsprozessen*[16] abhängig machen.

Als eine recht neu zu beachtende und besonders große Herausforderung kann hier die gesetzlich von Banken geforderte Identifikation und Bewertung von *Nachhaltigkeitsrisiken* gesehen werden. „*Die BaFin [Bundesanstalt für Finanzdienstleistungsaufsicht] versteht unter den »Nachhaltigkeitsrisiken« bzw. »ESG-Risiken« Ereignisse oder Bedingungen aus den Bereichen Umwelt, Soziales und Unternehmensführung, deren Eintreten tatsächlich oder potenziell negative Auswirkungen auf die Vermögens-, Finanz- und Ertragslage sowie auf die Reputation eines [...] Unternehmens haben können.*"[17] Nachhaltigkeitsrisiken können sich dabei nicht nur direkt auf eine Bank auswirken, sondern u. a. auch über die offenen Kreditforderungen. Eine Bank muss daher *nachhaltigkeitsinduzierte Kreditrisiken*[18] ebenso im Rahmen der Bonitätsanalyse als Teil des Kreditvergabeprozesses berücksichtigen.[19] Zur Beurteilung des Ausmaßes entsprechender Nachhaltigkeitsrisiken müssen Banken u. a. eine sogenannte *Green Asset Ratio* (GAR[20]) ermitteln und offenlegen. Die Identifikation und Bewertung entsprechender Nachhaltigkeitsrisiken konfrontieren Unternehmen wie auch Banken

---

[15] „*Verantwortungsdiffusion beschreibt die Tendenz, die allgemeine Verantwortung auf alle Anwesenden aufzuteilen. Erhöht sich deren Anzahl, verringert sich die subjektiv wahrgenommene Verantwortlichkeit des Einzelnen und die Wahrscheinlichkeit zur Hilfeleistung sinkt*" (Fischer et al. 2018, S. 61).

[16] Für eine ökonomische und politisch-institutionelle Analyse öffentlicher Kredithilfen siehe ausführlich Mendler (1992, S. 225 ff.).

[17] Hannemann et al. (2022, S. 1675).

[18] Für eine empirische Untersuchung der Wirkungszusammenhänge zwischen Nachhaltigkeits- und Kreditrisiken unter besonderer Berücksichtigung des Klimawandels siehe Barthruff (2014).

[19] Siehe hierzu Heithecker (2021, S. 104 ff.).

[20] Die GAR gibt an, wie groß der Anteil der mit der EU-Taxonomie konformen Anlagebuchpositionen einer Bank, wie beispielsweise vergebene Kredite oder erworbene Anleihen, in Relation zu den gesamten notenbankfähigen Aktiva ist. „*Die EU-Taxonomie legt [...] verbindliche Kriterien fest, die wirtschaftliche Tätigkeiten erfüllen müssen, um als „ökologisch nachhaltig" zu gelten*" (Adams und Andrae 2022, S. 52). Als notenbankfähig sind Finanzinstrumente zu bezeichnen, die als Kreditsicherheit im Rahmen des Europäischen Systems der

gleich mit mehreren großen Herausforderungen. Zunächst ist zu klären, von welchen zukünftigen umwelt- und wirtschaftspolitischen Rahmenbedingungen sowie deren Auswirkung auf *physische Risiken*[21] und *transitorische* (indirekte oder auch zeitlich verzögert auftretende) *Risiken* auszugehen ist. Die Bewertung entsprechender Risiken wird hierbei noch zusätzlich durch eine mangelnde Verfügbarkeit historischer bzw. vergleichbarer Daten erschwert. Die erforderliche Übersetzung von ESG-Risiken in finanzielle Risiken erfordert ferner ein Verständnis und eine Analysierbarkeit (zumindest der wesentlichen) zukünftigen Wertschöpfungsprozesse der zu betrachtenden Unternehmen. Die substanziellen Auswirkungen von Nachhaltigkeitsrisiken können sich dabei erst deutlich nach der jeweiligen Kreditlaufzeit bzw. dem strategischen Analysehorizont des Unternehmens bzw. der Bank zeigen. Die Auswirkungen der meisten ESG-Risiken dürften zudem nichtlinear sein. Dies kann insbesondere bei zirkulären Zusammenhängen der Fall sein. So können sich beispielsweise physische Risiken, wie extreme Wetterereignisse, zunächst direkt auf die Geschäftstätigkeit der Unternehmen auswirken. In der Folge können sich die Profitabilität der Unternehmen sowie deren Vermögenswerte verringern. Hierdurch können Verluste im Finanzsystem entstehen, die ihrerseits wiederum zu Verhaltensanpassungen gegenüber den Unternehmen führen (wie z. B. eine Einschränkung der Kreditvergabe).[22] Insgesamt können somit physische und transitorische Risiken „*komplexe Kettenreaktionen und Kaskadeneffekte hervorrufen, die wiederum unvorhersehbare ökologische, geopolitische, soziale und wirtschaftliche Dynamiken auslösen können.*"[23] Die Berücksichtigung von Nachhaltigkeitsrisiken führt somit in einem besonderen Maße sowohl aufseiten der Unternehmen als auch bei den Banken zur Entstehung *schlecht strukturierter Entscheidungsprobleme.*[24] Eine für *gut strukturierte Entscheidungsprobleme* möglichst vollständige Kenntnis aller wesentlichen Einflussfaktoren sowie deren (funktionales) Zusammenwirken im Hinblick auf klar definierte und widerspruchsfreie Zielsetzungen ist kaum mehr vorhanden. Ursächlich hierfür ist die (teilweise) Unkenntnis sowohl der zukünftigen Nachhaltigkeitsanforderungen als auch der damit einhergehenden ökologischen,

---

Zentralbanken anerkannt werden. Hierbei handelt es sich insbesondere um Wertpapiere, die v. a. mit Blick auf die Liquidität und Bonität bestimmte Mindestanforderungen erfüllen.

[21] Physische Risiken beschreiben in diesem Zusammenhang Risiken, die als Folge der Veränderung des Klimas, wie beispielsweise extreme Wetterereignisse oder ein Temperaturanstieg, entstehen und sich direkt auf die Realwirtschaft auswirken können (vgl. Klein et al. 2021, S. 24 f. sowie Haenle 2021, S. 55 f.).

[22] Vgl. Deutsche Bundesbank (2019, S. 217).

[23] Hannemann et al. (2022, S. 565).

[24] Vgl. Backhaus et al. (2010, S. 13 ff.) sowie Adam (1996, S. 9 ff.).

geopolitischen, sozialen und wirtschaftlichen Rahmenbedingungen für die Unternehmen und Banken. Es ergeben sich *Wirkungsdefekte* und *Bewertungsdefekte* in dem Sinne, dass zum Zeitpunkt der Planung und Entscheidungsfindung unklar ist, welche Auswirkungen bestimmte Entscheidungen genau haben werden. Hinzu kommen möglicherweise noch zahlreiche *Zielsetzungsdefekte*. Diese können zum einen auf nicht auflösbare Zielkonflikte (wie beispielsweise die Abwägung zwischen einer Steigerung oder Stabilisierung der Rentabilität zur Sicherung der Wettbewerbsfähigkeit auf der einen Seite mit einer sozial-nachhaltigen Investition in die Beschäftigungsfähigkeit *(Employability)* der Menschen im Unternehmen[25] auf der anderen Seite) zurückzuführen sein. Zum anderen können nur sehr schwer messbare Ziele (wie insbesondere die der sozialen Nachhaltigkeit) für die Entstehung von Zielsetzungsdefekten verantwortlich sein.

Zusammenfassend lässt sich festhalten, dass die Gefahr besteht, dass die hier skizzierten klassischen Kredit-Ratingsysteme im Fall größerer unternehmensinterner oder auch -externer Veränderungen ihrer *Signalling*-Funktion[26] nicht mehr hinreichend gerecht werden können.

2.2 Das Transformation Rating zur fundierten Risikoeinschätzung im Rahmen von Transformationsfinanzierungen

Das Ziel eines *Transformation Ratings* als eine Erweiterung der in weiten Teilen am Markt etablierten Kredit-Ratingsysteme ist es, die zu erwartenden Auswirkungen eines Transformationsvorhabens auf die Bonitätsentwicklung explizit und systematisch analysieren zu können. Wie zuvor bereits dargelegt worden ist, zeigt

---

[25] Da gut vorstellbar ist, dass der mit der digitalen und nachhaltigen Transformation einhergehende Strukturwandel einen größeren Anteil der Menschen aus ihren bestehenden Beschäftigungsverhältnissen drängen wird, kann es als eine besonders wichtige Anforderung an die soziale Nachhaltigkeit von Unternehmen gesehen werden, den (perspektivisch) freizusetzenden Menschen durch Qualifizierungsmaßnahmen (vgl. Dietl und Höschle 2005, S. 48 ff.) die Grundlage für eine berufliche Perspektive innerhalb oder auch außerhalb des Unternehmens zu gewähren. Auf diesen unternehmensübergreifenden Aspekt der Employability weist Katrin Kraus in ihrer Dissertation explizit hin: *„Der Arbeitsmarkt und seine Anforderungen sind daher ein zentrales Bestimmungsmoment für „Beschäftigungsfähigkeit", wobei Arbeitsmarkt unternehmensintern wie extern verstanden wird, weswegen teilweise auch der Begriff der „Marktfähigkeit" Verwendung findet"* (Kraus 2007, S. 57).

[26] Hierunter ist eine frühzeitige und möglichst trennscharfe Identifikation von (potenziellen) Schuldnern mit einer guten und einer eher nicht angemessenen Bonität zu verstehen (vgl. Kley 2003, S. 229 ff.).

sich der wesentliche Einfluss einer Transformation zum einen in einem sich stark ändernden Risikoprofil des Unternehmens und zum anderen in einer vom Unternehmen zu bewältigenden hohen Ungewissheit und Komplexität.

Grundsätzlich bieten sich für die Analyse der Auswirkungen von Transformationsvorhaben auf das Risikoprofil von Unternehmen zwei verschiedene Vorgehensweisen an. Zum einen können die von der Transformation betroffenen Unternehmensbereiche aus dem bestehenden Unternehmen (analytisch) herausgelöst werden, damit dann die Bonität dieser separaten Unternehmenseinheit bestimmt werden kann. Dies setzt jedoch voraus, dass v. a. das Eigenkapital sowie die verfügbaren Liquiditätsreserven des gesamten Unternehmens ebenfalls dieser Unternehmenseinheit anteilig zugeordnet werden können. Da dies in manchen Fällen recht aufwendig sein dürfte, kann eine Untersuchung der transformationsinduzierten Bonitätsentwicklung auch mit Blick auf das gesamte Unternehmen als eine Einheit erfolgen. Im weiteren Verlauf der konzeptionellen Entwicklungen sowie den sich anschließenden exemplarischen Ratingermittlungen soll von dieser zweiten Option einer ganzheitlichen Unternehmensbetrachtung ausgegangen werden.

Zur Bestimmung eines Transformation Ratings sind in einem ersten Schritt die erwarteten Auswirkungen von Investitionsvorhaben auf die zukünftige Ratingentwicklung zu ermitteln. Im Gegensatz zu den zuvor kurz skizzierten klassischen Kredit-Ratingsystemen ist hier somit nicht nur die aktuelle finanzielle Situation eines Unternehmens, sondern auch die für die Kreditlaufzeit zu erwartende Entwicklung in die Bonitätsanalysen mit einzubeziehen (vgl. *planbasiertes Kredit-Rating* in Abb. 2.2). Sollte die zu erwartende Ratingentwicklung mit der in einer Rating- und/oder übergreifenden Risikostrategie[27] festgelegten Anforderung an die Bonität (z. B. durch Festlegung von Mindest-Ratings) vereinbar sein, so ist in einem zweiten Schritt ein *Rating-Stresstest* durchzuführen. Dieser grenzt sich von dem auf der ersten Stufe ermittelten Rating insbesondere dadurch ab, dass hier anstelle einer erwarteten Entwicklung wesentlicher bonitätsrelevanter Faktoren von einem *Stress-Szenario* auszugehen ist. Dieses Stress-Szenario sollte eine besonders die Liquiditäts- und Gewinnentwicklung belastende Entwicklung abbilden *(inverser Stresstest[28])*. Bei der Entwicklung des Szenarios ist insbesondere zu beachten, dass die wesentlichen Erfolgs- und Risikofaktoren in

---

[27] Vgl. Gleißner (2017).
[28] Im Rahmen eines inversen Stresstests ist zu untersuchen, welche Ereignisse ein Unternehmen in seiner Überlebensfähigkeit bedrohen können (vgl. Grundke und Pliszka 2014, S. 11).

2.2 Das Transformation Rating ...

einer prozessual und strukturell konsistenten sowie in einer – gemäß bewährter ökonomischer Theorien – plausiblen Weise abgebildet werden.[29] Ebenso wie für das erwartungsorientierte Rating der ersten Stufe ist für den Rating-Stresstest eine bestimmte (geringere) Anforderung an die Bonität (wie z. B. Erhalt eines *Investment Grade*-Status[30]) vorzugeben. Diese kann sich beispielsweise an den maximal als tragfähig erachteten Finanzierungskonditionen sowie den erforderlichen Finanzierungsmöglichkeiten orientieren. Tendenziell gilt, dass mit zunehmender Verschlechterung des Ratings nicht nur die Finanzierungskosten (ab einer bestimmten Insolvenzwahrscheinlichkeit) stark überproportional steigen, sondern auch die Möglichkeiten zur (zeitnahen) Aufnahme finanzieller Mittel tendenziell sinken. So führt beispielsweise eine sinkende Bonität von Kreditnehmern zu einer erhöhten Eigenkapitalunterlegung aufseiten der Bank. Da das Eigenkapital der Banken sowohl bisher als auch in Zukunft ein recht knappes Gut sein dürfte[31] und zudem Kreditrisikostrategien von Banken eine Begrenzung von Kreditengagements in schlechten Bonitätsklassen vorschreiben können, ist aus Sicht von Unternehmen bei einer Verschlechterung der Bonität mit einem zunehmend verringerten Kreditangebot zu rechnen.

Die für die erwartete Entwicklung sowie für das Stress-Szenario ermittelten Werte sind idealerweise im Rahmen eines Transformation-Rating-Prozesses von entsprechend fachlich qualifizierten und möglichst unabhängigen Expertinnen und Experten zu validieren (ähnlich dem Vorgehen im Rahmen einer *Strategic, Operational & Financial Due Diligence*[32]).

Die Analyse der Auswirkungen steigender Komplexität und Ungewissheit auf die Bonität eines Unternehmens ist in der abschließenden dritten Stufe des Transformation-Rating-Prozesses durchzuführen. Die Analyseergebnisse dieser dritten Stufe können in einem *Dynamic-Capabilities-Rating* zusammengefasst werden.

---

[29] Zur systematischen Erstellung und Validierung von Szenario-Analysen siehe Fink und Siebe (2011, S. 16 ff.) sowie Fink und Siebe (2016).

[30] Gemäß der Bonitätsnotenskala von Standard & Poor's sind Ratings oberhalb der Bonitätsnote BB+ der Klasse Investment Grade zuzuordnen und somit als anlagewürdig einzustufen.

[31] So warnt beispielsweise der ehemalige Bankenaufseher Joachim Wuermeling, dass mit Blick auf die Finanzierung der nachhaltigen und digitalen Transformation „*das Kapital bei einigen Instituten zum limitierenden Faktor werden [kann]*" (Habdank 2023, S. 4).

[32] Für eine Schilderung der Inhalte und des Ablaufs einer Strategic Due Diligence siehe Brauner und Grillo (2019); für eine Erläuterung der wesentlichen Merkmale einer Operational Due Diligence siehe Scharfman (2012) sowie Rahmati (2012); zur Durchführung einer Financial Due Diligence siehe Pomp (2020), Hummitzsch und Strack (2019) sowie Brauner und Neufang (2019).

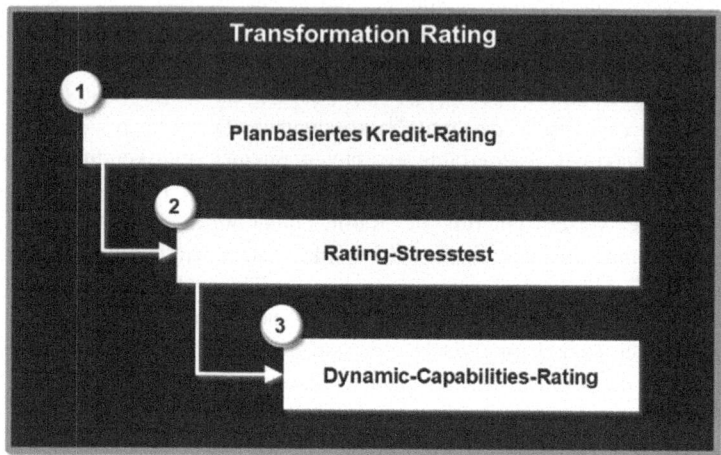

Abb. 2.2 Der dreistufige Transformation-Rating-Prozess

2.3 Das Dynamic-Capabilities-Rating zur Analyse transformationsinduzierter Komplexität und Ungewissheit

Können auf der ersten und der zweiten Stufe des Transformation-Rating-Prozesses die jeweiligen Mindestvorgaben hinsichtlich der Unternehmensbonität eingehalten werden, so ist auf der dritten Stufe noch ein Dynamic-Capabilities-Rating zu erstellen. Ebenso wie auf den ersten zwei Stufen ist hier die während der Kreditlaufzeit zu erwartende Bonitätsentwicklung zu bestimmen. Ein wesentlicher Unterschied zur Vorgehensweise in den ersten zwei Stufen ist jedoch darin zu sehen, dass sich das Dynamic-Capabilities-Rating auf die explizite Bewertung der Fähigkeit von Unternehmen zum Umgang mit Ungewissheit und Komplexität konzentriert, während diese auf der ersten und zweiten Stufe (meist implizit) als hinreichend gegeben bzw. als nicht entscheidungsrelevant unterstellt wird.[33]

Das Dynamic-Capabilities-Rating ermöglicht eine Einschätzung, inwieweit das Unternehmen in der Lage ist, bei einer steigenden Komplexität durch die Anpassung von Strukturen, Prozessen, Anreiz- und Führungssystemen den zu

---

[33] Vgl. Teece et al. (2016) sowie Felin und Powell (2016).

2.3 Das Dynamic-Capabilities-Rating ...

erwartenden Anstieg der Transaktionskosten[34] möglichst gering zu halten. Die Abb. 2.3 zeigt exemplarisch, wie eine durch die Dynamic Capabilities ermöglichte Anpassung der Organisationsform[35] einen komplexitätsgetriebenen Anstieg der Transaktionskosten begrenzen kann.

Das Dynamic-Capabilities-Rating basiert auf einem wie folgt zu kalkulierenden *Dynamic-Capabilities-Score* (DCS):

$$DCS = 0{,}6 \cdot TKS + 0{,}2 \cdot FKS + 0{,}1 \cdot OKS + 0{,}1 \cdot RKS$$

---

[34] *„Transaktionskosten sind Kosten, die mit dem Errichten und Betreiben – evtl. auch Auflösen – bestimmter Institutionen verbunden sind"* (Blum et al. 2005, S. 43). Zu unterscheiden ist zwischen unternehmensexternen und unternehmensinternen Transaktionskosten. Zu den externen Transaktionskosten sind u. a. Anbahnungs- und Informationskosten, Vereinbarungskosten, Kontrollkosten, Durchsetzungskosten, Abwicklungskosten (wie z. B. Transportkosten) und Anpassungskosten zu zählen. Als wesentliche Bestandteile der internen Transaktionskosten sind Informationskosten, Entscheidungskosten, Kontroll- und Administrationskosten sowie Kosten für die Weiterentwicklung des Unternehmens (z. B. für Weiterbildungs- und Personalentwicklungsmaßnahmen) zu nennen (vgl. Frank et al. 2019, S. 193 sowie Picot et al. 2020, S. 91 f.).

[35] Als Team-Organisation kann der *„Zusammenschluss von [Mitarbeiterinnen und] Mitarbeitern in einem [Team] oder mehreren Teams"* (Högl 2004, Sp. 1401) bezeichnet werden, die je Team gemeinsam (kollaborativ) an einem Ziel arbeiten. Eine in der Praxis bewährte und mittlerweile von einigen Unternehmen adaptierte Team-Organisation ist die Organisation von Spotify (vgl. Scheller 2017, S. 83 ff.), an der sich beispielsweise die ING (Bank) im Rahmen ihrer Reorganisation orientiert hat. Eine ergänzende Anregung für die unternehmensspezifische Entwicklung von Team-Organisationen bieten zudem die ebenfalls in der Unternehmenspraxis etablierten *Frameworks* zur Skalierung des agilen Scrum-Projektmanagementansatzes. Zu nennen sind hier u. a. *Large-Scale Scrum* (LeSS) (s. Larmann und Vodde 2017), *Scaled Agile Framework®* (SAFe®) (s. Mathis 2018), *Scrum@Scale* (s. Hermkes und Quintela 2021) sowie das *Nexus™ Framework* (s. Bittner et al. 2018) (für eine vergleichende Betrachtung der Frameworks s. Rupp 2020). Für eine teamorientierte Entwicklung von Organisationsstrukturen und -prozessen bietet sich zudem der von Marco Olavarria entwickelte *Orgazign*-Ansatz an (vgl. Olavarria 2020). Eine Analyse des Einflusses von Organisationsstruktur und Aufgabenkomplexität auf die Teamperformance bieten Evanschitzky et al. (2008, S. 1 ff.).

Gemäß Noah Farhadi ist unter einem (betriebswirtschaftlichen) Ökosystem *„ein hochdynamisches Gebilde von Gemeinschaften, organisiert in einem komplexen Netzwerk"* (Farhadi 2019, S. 8) zu verstehen. In Anlehnung an Wolfgang A. Marko kann ein Netzwerk als ein komplexes und mehrdimensionales Beziehungsgeflecht aus *„selbständigen Einheiten [...], die relativ stabile Beziehungen aufweisen, durch gemeinsame Werte verbunden sind und auf die Realisierung von Wettbewerbsvorteilen in komplexen und dynamischen Märkten zielen"* (Marko 2015, S. 357) definiert werden. Vereinfachend kann eine Netzwerkorganisation somit als eine Team-Organisation mit flexiblen bzw. variierenden Team-Zusammensetzungen verstanden werden.

mit

TKS: Transaktionskosten-Kompetenz-Score
FKS: Führungskompetenz-Score
OKS: Orientierungskompetenz-Score
RKS: Resonante-Kommunikation-Score

Formel 1: Dynamic-Capabilities-Score als Basis des Dynamic-Capabilities-Ratings
Die vier Komponenten des Dynamic-Capabilities-Scores (TKS, FKS, OKS und RKS) können aus den drei Gestaltungsbereichen *Kontext Design* (TKS und FKS), *Orientierungskompetenz* (OKS) sowie *Resonante Kommunikation* (RKS)

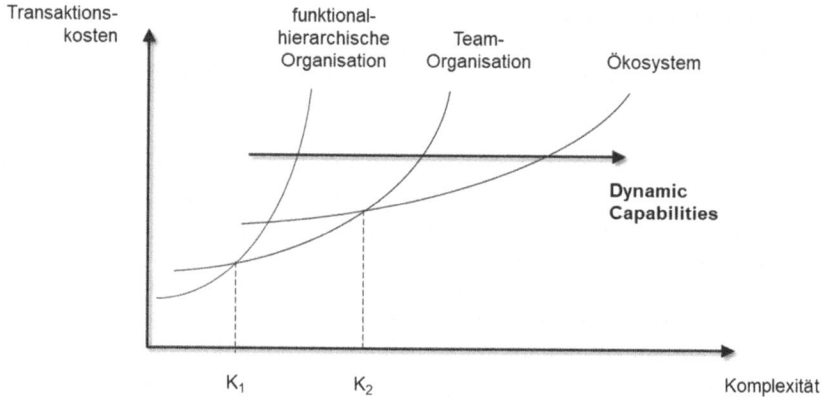

Abb. 2.3 Dynamic Capabilities ermöglichen Begrenzung der Transaktionskosten bei steigender Komplexität[36]

---

[36] Auf Basis der Governance-Structure-Theory von Oliver Eaton Williamson (vgl. Williamson 1991) lässt sich ableiten, dass die Dynamic Capabilities bei steigendem Veränderungsbedarf und zunehmender Komplexität die hier dargestellte Begrenzung der Transaktionskosten ermöglichen (Picot et al. 2020, S. 34). Während die funktional-hierarchische Organisation insbesondere bei einer geringen Komplexität zu den niedrigsten Transaktionskosten führt, gilt dies ab einem Komplexitätsniveau von K_1 für die Team-Organisation und ab einem Niveau von K_2 für unternehmensübergreifende (digitale) Ökosysteme.

2.3 Das Dynamic-Capabilities-Rating ...

der Transformation Scorecard[37] abgeleitet werden.[38] Die Gewichtung der vier Einflussfaktoren auf den Dynamic-Capabilities-Score können je nach Art des Transformationsvorhabens variieren. Unter der Annahme, dass eine gut ausgeprägte Fähigkeit zur Begrenzung der Transaktionskosten zum Teil auch auf gut entwickelte Fähigkeiten in der Führung, Orientierung sowie Kommunikation zurückzuführen ist, kann der Transaktionskosten-Kompetenz-Score mit 0,6 relativ stark gewichtet werden. Ebenso wird der Führungskompetenz-Score mit 0,2 etwas stärker gewichtet als der Orientierungskompetenz- sowie der Resonante-Kommunikation-Score (mit jeweils 0,1), da die Fähigkeiten zur Orientierung sowie zur wirksamen Kommunikation auch für die Führungsqualität bedeutsam sein dürften.

1. Transaktionskosten-Kompetenz-Score

Bei der ersten Komponente handelt es sich um einen *Transaktionskosten-Kompetenz-Score* (TKS), welcher mit Werten zwischen 1 und 7 indikativ wiedergibt, mit welchem Anstieg der Transaktionskosten bei einer Umsetzung des Transformationsvorhaben zu rechnen ist. Ein Wert i. H. v. 1 repräsentiert eine geringe Kompetenz zur Begrenzung der Transaktionskosten, ein Wert i. H. v. 7 eine sehr gute. Der Transaktionskosten-Kompetenz-Score erhält hier eine recht hohe Gewichtung aufgrund der sehr hohen Bedeutung von Transaktionskosten im Rahmen eines Transformationsvorhabens. Wie auf Basis der Institutionenökonomik hergeleitet werden kann, steigen je nach gewählter Aufbau- und Ablauforganisation mit zunehmender Komplexität die Transaktionskosten unterschiedlich stark an.[39] In der Konsequenz kann eine mit Blick auf die hohe Komplexität einer Transformation ungeeignete Organisationgestaltung zu einem so hohen Anstieg der Transaktionskosten – zum Beispiel für die erforderlichen Informations-, Abstimmungs- und Entscheidungsprozesse – führen, dass eine erfolgreiche Umsetzung der Transformation nahezu unmöglich wird. Im Rahmen der Gestaltung von

---

[37] Für eine Darlegung möglicher Analyse- und Steuerungsgrößen der drei Gestaltungsbereiche Kontext Design, Orientierungskompetenz sowie Resonante Kommunikation und damit für eine Operationalisierung der vier Determinanten des Dynamic-Capabilities-Scores siehe Grundmann und Gleißner (2023, Kap. 3).

[38] Diese drei Gestaltungsbereiche lassen sich auch in die vier von Pavlou und El Sawy herausgearbeiteten dynamischen Fähigkeiten höchster Ordnung überführen (vgl. Pavlou und El Sawy 2011). Die Integrationsfähigkeit und Koordinationsfähigkeit von Pavlou und El Sawy stehen in einem engen Zusammenhang zu dem hier konstituierten Gestaltungsbereich *Kontext Design*. Die Wahrnehmungsfähigkeit sowie Lernfähigkeit finden sich in den Gestaltungsbereichen *Resonante Kommunikation* und *Orientierungskompetenz* wieder.

[39] Vgl. Picot et al. (2020, S. 91 ff.), Herrmann-Pillath (2002, S. 129 ff.) sowie Göbel (2002, S. 244 ff.).

hoch komplexen Veränderungsvorhaben besteht daher eine besonders große Gefahr, in die *Komplexitätsfalle* zu geraten:

▶ **Komplexitätsfalle** Übersteigt die Komplexität eines Veränderungsvorhabens deutlich die Komplexitätsabsorptionsmöglichkeiten des Unternehmens, so ist zu erwarten, dass ein stark überproportionaler Anstieg der Transaktionskosten eine wirksame Umsetzung des Veränderungsvorhabens (quasi) unmöglich macht.

Die Komplexitätsfalle ergibt sich aus einer Kombination der mit dem Alfred-Nobel-Gedächtnispreis für Wirtschaftswissenschaften ausgezeichneten Arbeiten des Institutionenökonomen Oliver Eaton Williamson[40] mit *Ashby's Law* der Kybernetik, welches besagt: „[...] *nur Vielfalt kann Vielfalt zerstören.*"[41] Aus Ashby's Law folgt, dass ein System bzw. hier ein Unternehmen umso mehr Störungen (Varietät seiner Umwelt) ausgleichen kann, je mehr verschiedene Steuerungsmöglichkeiten es hat (Handlungsvarietät). Eine hohe Handlungsvarietät impliziert somit ein hohes Potenzial an *Komplexitätsabsorptionsmöglichkeiten*. Im Rahmen des im Kap. 4 vorgestellten Praxisbeispiels wird ein stark vereinfachender Ansatz zur Bestimmung des Transaktionskosten-Kompetenz-Scores mittels des Verhältnisses von Komplexität eines Veränderungsvorhabens zu den Komplexitätsabsorptionsmöglichkeiten eines Unternehmens erläutert. Alternativ könnten auch die im Rahmen eines Transaktionskosten-Controllings[42] ermittelten Auswirkungen des Transformationsvorhabens zur Bestimmung des Transaktionskosten-Kompetenz-Scores herangezogen werden.

2. Führungskompetenz-Score

Die zweite Komponente des Dynamic-Capabilities-Scores spiegelt die Führungskompetenzen wider, welche für das Gelingen einer Transformation von ausschlaggebender Bedeutung sind. Eine hohe Führungskompetenz kann sich beispielsweise in der Schaffung von Möglichkeiten zum (insbesondere explorativen) Lernen sowie in einer von den Mitarbeitenden wahrgenommenen überdurchschnittlichen Führungs- und Beziehungsqualität zeigen. Die Bewertung erfolgt auf Basis eines *Führungskompetenz-Scores* (FKS), für den – ebenso wie für alle anderen Komponenten in der Gleichung – ein Wert zwischen 1 (= geringe Kompetenzen) und 7 (= sehr gute Kompetenzen) zu bestimmen ist.

---

[40] Vgl. Williamson (1991) sowie Erlei et al. (2016, S. 187 ff.).
[41] Ashby (2016, S. 299.).
[42] Vgl. Matje (1996).

2.3 Das Dynamic-Capabilities-Rating ...

3. Orientierungskompetenz-Score
Der *Orientierungskompetenz-Score* (OKS) dient als dritte Komponente der Gleichung der Beurteilung der Fähigkeit, frühzeitig wesentliche Entwicklungen innerhalb und außerhalb des Unternehmens erkennen zu können. Der OKS berücksichtigt damit den zweiten wesentlichen Gestaltungsbereich (Orientierungskompetenz) der Transformation Scorecard.

4. Resonante-Kommunikation-Score
Der *Resonante-Kommunikation-Score* (RKS) leitet sich aus dem Gestaltungsbereich der Resonanten Kommunikation ab und soll die Qualität der Beziehung zwischen den Menschen und der Menschen zum Unternehmen abbilden, welche prägend für die Kommunikationsmöglichkeiten und damit auch für den ebenfalls zu bewertenden Kommunikationserfolg ist.[43]

Die in Summe relativ hohe Gewichtung des Transaktionskosten-Kompetenz-Scores sowie des Führungskompetenz-Scores ist auf die grundlegende Bedeutung des Kontext Designs für die Ausprägung der Dynamic Capabilities zurückzuführen. Die im Kontext Design betrachteten Faktoren legen fest, auf welchem Niveau ein Unternehmen seine organisationalen Kompetenzen weiterentwickeln kann. Die Werte des Dynamic-Capabilities-Scores können dann abschließend in die Ratingnoten von AAA[44] (gerundeter Dynamic-Capabilities-Score = 7) bis CCC/D (gerundeter Dynamic-Capabilities-Score = 1) eines Dynamic-Capabilities-Ratings überführt werden (vgl. Abb. 2.4).

Das Dynamic-Capabilities-Rating sollte mindestens dem angestrebten planbasierten Kredit-Rating der Stufe 1 des dreistufigen Transformation-Rating-Prozesses (vgl. Abb. 2.2) entsprechen oder besser sein. Wenn beispielsweise gemäß der Risikostrategie des Unternehmens ein planbasiertes Kredit-Rating von BBB mindesten einzuhalten ist, dann sollte eine Transformation nur angegangen werden, wenn das Vorhaben mindestens mit einem *Dynamic-Capabilities-Rating* der Note BBB (Investment Grade) bewertet werden kann. Es ist zu beachten, dass aufgrund der

---

[43] Gemäß der *Metakommunikativen Axiome* von Paul Watzlawick, Janet H. Beavin und Don D. Jackson hat *„jede Kommunikation [...] einen Inhalts- und einen Beziehungsaspekt, derart, dass letzterer den ersteren bestimmt"* (vgl. Watzlawick et al. 2017, S. 64; für eine ergänzende Darstellung der Metakommunikativen Axiome anhand von Beispielen siehe Watzlawick 2021 sowie Willemsen und von Ameln 2018, S. 63 ff.).

[44] Bis zu einer Ausfallwahrscheinlichkeit von einschließlich 0,10 % ordnet die Deutsche Bundesbank den Bereich der Ratingnoten *AAA/AA+/AA/AA−/A+/A/A−* von Standard & Poor's zu, bis einschließlich 0,40 % dann den Bereich der Ratingnoten *BBB+/BBB/BBB−*, bis einschließlich 1,00 % die Ratingnote *BB+*, bis einschließlich 1,50 % die Ratingnote *BB* und für Ausfallwahrscheinlichkeiten größer als 1,5 % den Bereich der Ratingnoten *BB−/B+/B/B−/CCC/CC/C/SD/D* (vgl. Deutsche Bundesbank 2022a).

Dynamic-Capabilities-Score	1	2	3	4	5	6	7
Ratingnote (S&P's)	CCC/D	B	BB	BBB	A	AA	AAA
Ausfallwahrscheinlichkeit	> 1,5%	≤ 1,5%	≤ 0,4%	≤ 0,1%			

Abb. 2.4 Überführung des Dynamic-Capabilities-Scores in eine Ratingnote und Ausfallwahrscheinlichkeit

mit einem Transformationsvorhaben verbundenen hohen Komplexität und Ungewissheit auch ein möglicherweise gutes Rating auf der ersten und zweiten Stufe zu keiner Verringerung des Anspruchsniveaus auf der dritten Stufe führen sollte.

Sollte auf einer der drei Stufen das jeweilige Mindest-Rating (zunächst) nicht eingehalten werden können, so ist im Rahmen eines *Transformation-Rating-Advisory* zu prüfen, ob durch bestimmte finanzielle, risikoorientierte, organisatorische oder auch führungstechnische Maßnahmen eine Verbesserung des Ratings erreicht werden kann. Schlussendlich sollte es das Ziel sein, auf allen drei Ebenen die in der Rating- bzw. einer übergeordneten Risikostrategie festgelegten Bonitätsanforderungen zu erfüllen.

Zur Reflexion der in diesem Abschnitt skizzierten Überlegungen können die folgenden Fragen dienen

- Welches Mindest-Rating sollte ein Unternehmen zur Wahrung hinreichender Finanzierungsmöglichkeiten sowie tragfähiger Finanzierungskonditionen auf jeden Fall einhalten?
- Wie kann sichergestellt werden, dass auch bei einer sehr ungünstigen Entwicklung ein Unternehmen zahlungsfähig bleibt?
- Welche Covenants (Klauseln in Kreditverträgen) können gerade in einer kritischen finanziellen Entwicklung die Lage eines Unternehmens noch zusätzlich substanziell belasten?
- Wie schätzen Sie den Einfluss der Veränderungsfähigkeit eines Unternehmens (Dynamic Capabilities) auf dessen Bonitätsentwicklung ein? Wann ist ein Unternehmen als so anpassungsfähig zu erachten, dass es auch größere unerwartete Veränderungen erfolgreich bewältigen kann?

3

Transformation-Rating-Advisory zur strategischen Analyse und Verbesserung unternehmensspezifischer Finanzierungskonditionen

> **Zusammenfassung**
>
> Ergänzend zu finanziellen Gestaltungsoptionen kann ein Transformation-Rating-Advisory zahlreiche weitere Handlungsoptionen aufzeigen, die einen wesentlichen Beitrag zur Stabilisierung und ggf. Verbesserung der Unternehmensbonität im Rahmen eines Transformationsprozesses leisten können. Eine Stärkung der Veränderungsfähigkeit eines Unternehmens (Dynamic Capabilities) kann sich zudem sehr positiv auf die Bonitätsentwicklung in einem Stress-Szenario auswirken.

Unter einem *Rating Advisory* können alle Analysen und aus diesen abgeleitete Maßnahmen verstanden werden, die ein Unternehmen auf einen – beispielsweise von Banken oder auch Rating-Agenturen durchgeführten – Ratingprozess gezielt vorbereiten sollen. Ein Rating Advisory fördert somit das Verständnis bezüglich der ein Rating im Wesentlichen bestimmenden Einflussfaktoren. Es bietet hierdurch die Möglichkeit, systematisch Ansatzpunkte zur Stabilisierung oder sogar Verbesserung des Ratings eines Unternehmens zu identifizieren (zum Beispiel auf Basis einer übergreifenden *Ratingstrategie*[1]).[2] Im Rahmen eines auf das Kredit-Rating eines Unternehmens ausgerichteten Beratungsansatzes bezieht

---

[1] Vgl. Gleißner (2019, S. 10 ff.).
[2] Vgl. hierzu Kugel und Girmscheid (2018, S. 113 ff.), Gleißner und Füser (2014, S. 233 ff.), Kreutz und Everling (2013, S. 369 ff.) sowie Fischer und Holzkämper (2004, S. 931 ff.).

sich ein recht großer Teil der Maßnahmen auf die Verbesserung der Risikotragfähigkeit.[3] Auf der anderen Seite können auch Maßnahmen zur Verbesserung der Risikosituation (i. S. einer Verringerung der Auswirkungen wesentlicher Risikofaktoren) gezielt entwickelt werden.[4] Gemäß der nachstehend aufgeführten Definition setzt das *Transformation-Rating-Advisory* ebenso auf diesen Zielsetzungen und Gestaltungsaspekten auf. Es geht jedoch vor dem Hintergrund einer ergänzenden Betrachtung der Auswirkung von Transformationsvorhaben auf die Unternehmensbonität über diese hinaus.

▶ **Transformation-Rating-Advisory** Das Transformation-Rating-Advisory umfasst sämtliche Maßnahmen, die zur Schaffung von Transparenz bezüglich der Implikation von konkreten Transformationsvorhaben auf die Unternehmensbonität beitragen. Hierauf aufbauend sind zudem Handlungsoptionen zur Stabilisierung und ggf. Verbesserung der Bonität zu identifizieren und zu bewerten. Grundlage eines Transformation-Rating-Advisory ist eine systematische und möglichst objektive Analyse der Auswirkungen eines Transformationsvorhabens auf die Unternehmensbonität in einem erwarteten Szenario, unter Stresstestbedingungen (Stress-Szenario) sowie unter Beachtung der Anpassungsfähigkeit der organisationalen Kompetenzen *(Dynamic Capabilities)*.

Aus der Definition lässt sich ableiten, dass ein Transformation-Rating-Advisory sich v. a. durch eine ergänzende Analyse und Gestaltung der Bonitätsentwicklung unter Stresstestbedingungen sowie im Hinblick auf die explizite Betrachtung der Entwicklungsmöglichkeiten organisationaler Kompetenzen von einem Rating Advisory abgrenzen lässt. Die Stresstestbetrachtungen konzentrieren sich dabei – wie bereits im Rahmen der Erläuterungen zum Transformation Rating dargelegt – insbesondere auf die aus den zukünftigen Rahmenbedingungen und aus der Umsetzung des Transformationsvorhabens resultierenden Risiken. Die Quantifizierung kann dabei zunächst auf stark vereinfachenden Modellen beruhen (wie beispielsweise auf dem *Mini-Rating*-Model, welches in dem abschließend dargestellten Praxisbeispiel zur Anwendung gelangt). Für eine tiefgehendere und präzisere Untersuchung der Auswirkungen von Stress-Szenarien auf die Unternehmensbonität kann dann beispielsweise auf eine dynamische Risiko- und Finanzanalyse mittels einer Monte-Carlo-Simulation zurückgegriffen werden.[5]

---

[3] Vgl. hierzu ausführlich Varnholt und Hoberg (2014), Werner und Kobabe (2005) sowie für eine ergänzende Betrachtung der Corporate Governance Speyer und Böttcher (2004, S. 905 ff.).

[4] Siehe hierzu Gleißner und Füser (2014, S. 270 ff.) sowie Müller et al. (2012, S. 29 ff. sowie S. 143 ff.).

[5] Vgl. Gleißner und Kreuser (2017, S. 905 ff.).

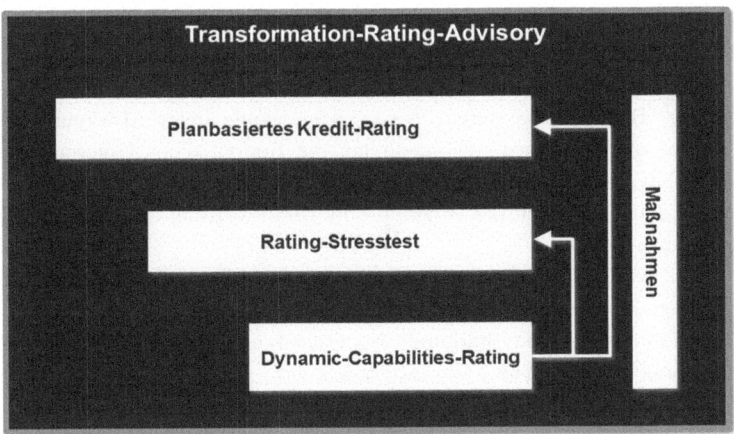

Abb. 3.1 Transformation-Rating-Advisory zur zielgerichteten Bonitätsstabilisierung und -verbesserung

Mit Blick auf die organisationalen Kompetenzen[6] kann ein Transformation-Rating-Advisory zudem aufzeigen, wie sich eine Veränderung der Aufbau- und Ablauforganisation, der Anreizsysteme sowie Führungsansätze (Kontext Design), die Entwicklung von Fähigkeiten zur frühzeitigen Identifikation entscheidungs- und handlungsrelevanter Sachverhalte (Orientierungskompetenz) sowie die Förderung einer Resonanten Kommunikation auf die Anpassungsfähigkeit des Unternehmens und damit auf die Unternehmensbonität auswirken können. Das im Anschluss an dieses Kapitel folgende Praxisbeispiel zeigt diesbezüglich einige konkrete Ansatzpunkte auf. Darüber hinaus können die im Rahmen der Etablierung einer Transformation Scorecard entwickelten Kennzahlen[7] zur gezielten Verbesserung des Dynamic Capabilities genutzt werden.

Abschließend ist zu prüfen, ob die im Hinblick auf das Dynamic-Capabilities-Rating entwickelten Maßnahmen sich eventuell auch noch positiv auf den Rating-Stresstest sowie das unter erwarteten Entwicklungen ermittelte (planbasierte) Kredit-Rating auswirken (vgl. Abb. 3.1).

---

[6] Für eine ausführliche Erläuterung und Diskussion organisationaler Kompetenzen siehe Schreyögg und Eberl (2015).
[7] Vgl. Grundmann und Gleißner (2023, Kap. 3).

Diese vier abschließenden Fragen mögen Sie zur Reflexion einladen

- Durch welche finanziellen, operativen und vertraglichen Maßnahmen (wie z. B. die Anpassung von Covenants) kann unter Abwägung von Risiko- und Rendite-Gesichtspunkten die Bonität eines Unternehmens in einem Stress-Szenario deutlich verbessert werden?
- Wie kann strategisch die Bindung und Verantwortung der Kapitalgeber gestärkt werden?
- Durch welche Maßnahmen kann die Anpassungsfähigkeit eines Unternehmens deutlich verbessert werden?
- Wie kann sich eine Stärkung des Dynamic-Capabilities-Ratings auf die Bonitätsentwicklung im Stress-Szenario sowie in der erwarteten (geplanten) Entwicklung auswirken?

Praxisbeispiel: Möglicher Mehrwert eines Transformation-Rating-Advisory

Zusammenfassung

Die auf Basis von (finanziellen) Ist-Werten ermittelten Bonitätseinschätzungen können deutlich von den auf Basis einer Finanzplanung abgeleiteten Erkenntnissen bezüglich der Bonitätsentwicklung eines Unternehmens abweichen. Insbesondere bei einer Bonitätseinschätzung zu Beginn der Umsetzung eines Transformationsvorhabens ist davon auszugehen, dass das unter Verwendung von Ist-Werten kalkulierte Rating substanziell von der zukünftigen Ratingentwicklung abweicht. Die Einbeziehung einer Finanzplanung in die Bonitätsanalyse bietet neben einer valideren Bonitätseinschätzung zudem die Möglichkeit, sowohl die zur Wahrung einer angestrebten Mindestbonität noch vertretbare Höhe der aufzunehmenden finanziellen Mittel als auch deren Struktur (Fremd- vs. Eigenkapital) und die Ausgestaltung noch tragfähiger Finanzierungskonditionen systematisch zu bestimmen. Mittels eines *Dynamic-Capabilities-Ratings* lässt sich ergänzend die im Rahmen eines Transformationsvorhabens besonders bedeutsame Veränderungsfähigkeit eines Unternehmens im Hinblick auf die Bonitätsentwicklung bewerten und durch gezielte Maßnahmen optimieren.

4.1 Ausgangslage

Anhand des folgenden Beispiels sollen die grundlegenden Wirkungszusammenhänge sowie Gestaltungsmöglichkeiten im Rahmen des zuvor dargelegten dreistufigen Transformation-Rating-Prozesses sowie Transformation-Rating-Advisory aufgezeigt werden. Mit Blick auf den hier begrenzten Raum wird eine Fokussierung auf die wesentlichen Sachverhalte vorgenommen. Auf mögliche

Ansatzpunkte zur tiefgehenderen Analyse wird an den entsprechenden Stellen hingewiesen.

Es wird von einem Unternehmen mit einer Bilanzsumme von 100 Mio. EUR ausgegangen.[1] Das Unternehmen verfügt über ein Eigenkapital i. H. v. 30 Mio. EUR und weist somit eine Eigenkapitalquote von 30 % auf. Das verzinsliche Netto-Fremdkapital (= Fremdkapital − liquide Mittel) beläuft sich auf 50 Mio. EUR. Im vergangenen Geschäftsjahr wurde zudem bei einem Umsatz von 200 Mio. EUR ein Betriebsergebnis (*Earnings before Interest and Taxes* (EBIT)) von 11,5 Mio. EUR und ein Gewinn (vor Steuern) (*Earnings before Taxes* (EBT)) von 10 Mio. EUR erwirtschaftet.[2] Die Kapitalrendite (*Return on Capital Employed* (ROCE)) belief sich damit auf 11,5 % (= 11,5 Mio. EUR (EBIT)/100 Mio. EUR (CE)).

Für das kommende Jahr plant das Unternehmen ebenfalls einen EBT i. H. v. 10 Mio. EUR und einen Umsatz i. H. v. 200 Mio. EUR. Das für das Planjahr ermittelte Stress-Szenario ergebe für den EBT einen Wert i. H. v. 1 Mio. EUR, der für das Best Case-Szenario kalkulierte EBT belaufe sich auf 16 Mio. EUR. Unter der Annahme einer Dreiecksverteilung[3] der zukünftigen Gewinne beträgt der für das kommende Planjahr zu erwartende Gewinn dann 9 Mio. EUR (= (1 Mio. EUR [Stress-Szenario] + 10 Mio. EUR [Plan] + 16 Mio. EUR [Best Case])/3).[4] Unter der Annahme eines im kommenden Planjahr um den thesaurierten Gewinn i. H. v. 7 Mio. EUR (= (100 % − 30 %[5]) × 10 Mio. EUR) reduzierten Netto-Fremdkapitals i. H. v. 43 Mio. EUR[6] und einer (vereinfachend unterstellten)

---

[1] Die Bilanzsumme wird hier vereinfachend als identisch zum betriebsnotwendigen Vermögen (*Capital Employed* (CE)) angesehen.

[2] Das hier skizzierte Unternehmen basiert auf dem Fallbeispiel von Werner Gleißner für eine risikogerechte Bewertung alternativer Unternehmensstrategien (vgl. Gleißner 2013, S. 82 ff.).

[3] „*Die Dreiecksverteilung erlaubt – auch für Anwender ohne tiefgehende mathematische (statistische) Vorkenntnisse – eine quantitative Beschreibung des Risikos einer Variablen. [...] Sie ist oft nützlich, wenn positive oder negative Planabweichungen (Chancen und Gefahren) auftreten können. Es müssen lediglich drei Werte für die risikobehaftete Variable angegeben werden, der Minimalwert a, der wahrscheinlichste Wert b und der Maximalwert c. Dies bedeutet, dass von einem Anwender keine Abschätzung einer Wahrscheinlichkeit gefordert wird. Dies geschieht implizit durch die angegebenen Werte und die Art der Verteilung*" (Gleißner 2022, S. 234).

[4] Der Planwert entspricht dann dem wahrscheinlichsten Wert und liegt bei der Spitze der Dreiecksverteilung (vgl. Gleißner 2013, S. 84 f. sowie S. 88).

[5] Annahme: Körperschafts- und Gewerbesteuer belaufen sich auf insgesamt 30 %.

[6] Es wird somit unterstellt, dass der thesaurierte Gewinn im 1. Planjahr weder in Sachanlagen zu investieren ist noch betriebsnotwendige liquide Mittel darstellt.

4.1 Ausgangslage

unveränderten durchschnittlichen Verzinsung des Netto-Fremdkapitals i. H. v. 3 % ergibt sich der für das kommende Jahr zu erwartende EBIT zu 10,29 Mio. EUR (= 9 Mio. EUR + 43 Mio. EUR × 3 %). Durch eine Thesaurierung des Gewinns erhöht sich das im Plan anzusetzende Eigenkapital auf 37 Mio. EUR. Die Bilanzsumme erhöht sich ebenfalls um 7 Mio. EUR, sodass die Eigenkapitalquote auf 34,58 % ansteigt (= 37 Mio. EUR/107 Mio. EUR). Bei einem annahmegemäß gleichbleibendem Capital Employed (CE) beträgt der zu erwartende ROCE dann 10,29 % (= 10,29 Mio. EUR/100 Mio. EUR).

Die Abb. 4.1 fasst die wesentlichen Ausgangsparameter des Praxisbeispiels noch einmal kurz zusammen.

Bilanz (Mio. Euro)

Aktiva		Passiva	
Ist	1. Jahr (Plan)	Ist	1. Jahr (Plan)
Sonst. Vermögen: 80	80	Eigenkapital: 30	37
Liquide Mittel: 20	27	Fremdkapital: 70	70
100	107	100	107
Capital Employed: 100	100	Eigenkapitalquote: 30 %	34,58 %

Gewinnermittlung (Mio. Euro)

	Ist	1. Jahr (Plan)
Umsatz	200,0	200,0
EBIT	11,5	10,29
Zinsaufwand	1,5	1,29
EBT	10,0	9,0
Steueraufwand	3,0	2,7
Gewinn	7,0	6,3
ROCE	11,5 %	10,29 %

Abb. 4.1 Wesentliche Parameter des exemplarischen Unternehmens in der Ausgangslage

4.2 Stufe 1: Bestimmung des planbasierten Kredit-Ratings

Basierend auf der vergangenen sowie der geplanten finanziellen Entwicklung lässt sich die aktuelle Insolvenzwahrscheinlichkeit (p) und die zu erwartende Insolvenzwahrscheinlichkeit (p_e) des Unternehmens mittels eines indikativen *Mini-Ratings*[7] wie folgt bestimmen:[8]

Ausgehend von einer Formel zur Abschätzung der Insolvenzwahrscheinlichkeit auf Basis der Eigenkapitalquote (EKQ) und des Return on Capital Employed (ROCE):

$$p = \frac{0{,}265}{1 + e^{-0{,}41 + 7{,}42 \cdot EKQ + 11{,}2 \cdot ROCE}}$$

Formel 2: Mini-Rating zur Bestimmung der Insolvenzwahrscheinlichkeit (p) auf Basis der Eigenkapitalquote (EKQ) und des Return on Capital Employed (ROCE)

ergibt sich die aktuelle Insolvenzwahrscheinlichkeit des Unternehmens zu:

$$p = \frac{0{,}265}{1 + e^{-0{,}41 + 7{,}42 \cdot 0{,}30 + 11{,}2 \cdot 0{,}115}} = 1{,}14\,\%$$

Formel 3: Insolvenzwahrscheinlichkeit (p) für das Beispielunternehmen in der Ausgangssituation

Die für das kommende Planjahr zu erwartende Insolvenzwahrscheinlichkeit sinkt aufgrund der eigenkapitalerhöhenden Thesaurierung des Gewinns auf:

$$p_e = \frac{0{,}265}{1 + e^{-0{,}41 + 7{,}42 \cdot 0{,}3458 + 11{,}2 \cdot 0{,}1029}} = 0{,}94\,\%$$

---

[7] Für ein umfassenderes und tiefgehenderes Rating wären sowohl weitere Finanzkennzahlen – insbesondere im Hinblick auf die Liquidität – im Rahmen der *quantitativen Analyse* zu berücksichtigen, als auch weitere Teilanalysen, wie die *Branchenanalyse* und die *qualitative Analyse* (vgl. Abb. 2.1), sowie eine *explizite Analyse von Risiken* in die Ratingermittlung mit einzubeziehen (vgl. Gleißner und Füser 2014, S. 205 ff.). Da sich die im Folgenden herzuleitenden wesentlichen Erkenntnisse auch auf Basis des sehr stark verkürzten Mini-Ratings aufzeigen lassen und die Darstellung einer umfassenden Ratinganalyse den hier gegebenen Rahmen übersteigen würde, werden im Folgenden die Analysen unter Verwendung des lediglich auf zwei Finanzkennzahlen reduzierten Mini-Ratings durchgeführt.

[8] Die Funktion legt basierend auf den Forschungsergebnissen von Edward I. Altman (vgl. Altman 2013, S. 428 ff.) für die Insolvenzwahrscheinlichkeit ein Intervall von 0 bis 0,265 fest (vgl. Gleißner und Füser 2014, S. 214 f.).

4.2 Stufe 1: Bestimmung des planbasierten Kredit-Ratings

Formel 4: Zu erwartende Insolvenzwahrscheinlichkeit (p_e) des Beispielunternehmens für das kommende Planjahr

Gemäß der Klassifikation der Deutschen Bundesbank ist dem Unternehmen im Status quo mit einer Insolvenz- bzw. Ausfallwahrscheinlichkeit i. H. v. 1,14 % die Ratingnote BB (entsprechen der Ratingskala von Standard & Poor's) zuzuordnen.[9] Diese Ratingnote bedeutet, dass das Unternehmen in die Bonitätsklasse *Speculative Grade*[10] einzugliedern ist. Aus Sicht eines Investors oder einer Bank weist das Unternehmen somit eine niedrige Kreditqualität auf, was perspektivisch insbesondere relativ hohe Finanzierungskosten und möglicherweise eingeschränkte Refinanzierungsoptionen[11] zur Folge hat. Im Planjahr sinkt die Insolvenzwahrscheinlichkeit bedingt durch die Erhöhung der Eigenkapitalquote dann auf 0,94 %, was gemäß der Klassifikation der Deutschen Bundesbank zu einer Verbesserung der Ratingnote auf BB+ führt. Die bei einer Insolvenz- bzw. Ausfallwahrscheinlichkeit von kleiner oder gleich 0,40 % beginnende Bonitätsklasse Investment Grade (Ratingnote BBB− oder besser) ist für das Unternehmen trotz einer vollständigen Thesaurierung des Gewinns unter den getroffenen Annahmen nicht realisierbar.[12]

Es sei nun unterstellt, dass die Unternehmensleitung dank etablierter strategischer Frühaufklärungssysteme über hinreichend belastbare Informationen verfüge, welche die Notwendigkeit einer grundlegenden Neuausrichtung des Unternehmens nahelegen. Anhand der folgenden drei Kriterien[13] prüft die Unternehmensleitung, ob die Neuausrichtung eine Transformation des Unternehmens erforderlich macht:

---

[9] Bezüglich der Zuordnung von Ausfallwahrscheinlichkeiten zu Ratingnoten siehe die Erläuterungen in Fußnote 44 des Kap. 2 sowie Abb. 2.4.

[10] Speculative Grade ist eine Klassifizierung, bei der gemäß der Bonitätsnotenskala von Standard & Poor's das Rating die Note BB+ (bedeutet: das Unternehmen ist sehr abhängig von der wirtschaftlichen Gesamtlage) oder schlechter aufweist. Ratings oberhalb dieser Bonitätsnote (also ab BBB−) sind der Klasse Investment Grade zuzuordnen.

[11] In der Klasse Speculative Grade erhöht sich gemäß dem Kreditrisikostandardansatz (KSA) die regulatorisch erforderliche Eigenmittelunterlegung ab einer Ratingnote von BB− recht stark (das Risikogewicht steigt von 100 % auf 150 %, vgl. hierzu Formel 22), sofern externe Ratings für die Unternehmenskunden vorliegen. Vor dem Hintergrund des begrenzten Eigenkapitals von Banken kann dies ggf. zu einer (notwendigen) Einschränkung der Kreditvergabe führen.

[12] Selbst bei einer Reduktion des Fremdkapitals in Höhe des thesaurierten Gewinns (und einer damit unveränderten Bilanzsumme i. H. v. 100 Mio. EUR) würde sich die Insolvenzwahrscheinlichkeit lediglich auf 0,79 % verringern.

[13] Das in Abschn. 1.2 zusätzlich genannte Kriterium einer Kompetenz-Transformation sei gemäß den Ergebnissen der strategischen Analyse der Unternehmensleitung hier nicht relevant.

> **Auswahl an Kriterien zur Identifikation einer Transformation**
> **Kriterium 1: Wertschöpfungsketten-Transformation**
> Die vom Transformationsvorhaben tangierten Wertschöpfungsprozesse verursachen mehr als 50 % des unternehmensweiten Aufwands im fünften Planjahr.
>
> **Kriterium 2: Geschäftsmodell-Transformation**
> Die durch die Transformation veränderten oder neu zu entwickelnden Produkte und Dienstleistungen machen mehr als 50 % des Gesamtertrags im fünften Planjahr aus.
>
> **Kriterium 3: Risiko-Transformation**
> Die für die Umsetzung der Transformation erforderlichen finanziellen Mittel sowie die ggf. notwendigen Abschreibungen auf Anlage- oder Umlaufvermögen betragen in Summe mehr als 30 % des Eigenkapitals in der Ausgangssituation.

Von einer Transformation sei dann zu sprechen, wenn mindestens eines dieser drei Kriterien erfüllt ist. Die Unternehmensleitung kommt gemäß ihrer strategischen Analyse zu dem Ergebnis, dass alle drei Kriterien mit der grundlegenden Neuausrichtung erfüllt werden.

Zur Schließung der strategischen Lücke im Rahmen einer Unternehmenstransformation benötige das Unternehmen über eine Außenfinanzierung finanzielle Mittel i. H. v. 10 Mio. EUR[14], welche es mittels eines Bankkredits zu 8,60 % aufbringen möchte.[15] Der weitere Kapitalbedarf soll durch eine Thesaurierung der in den ersten drei Planjahren erwarteten Gewinne realisiert werden (offene Selbstfinanzierung). Das (zu verzinsende) Netto-Fremdkapital sowie die Bilanzsumme erhöhen sich durch die Außenfinanzierung um 10 Mio. EUR. Dies impliziert die Annahme, dass die durch die Kreditaufnahme gestiegene Liquidität mit 0 % verzinst wird. Die Eigenkapitalquote sinkt auf 31,62 %.[16] Das betriebsnotwendige Vermögen bleibe zunächst noch unverändert bei 100 Mio. EUR, sodass der ROCE sich weiterhin auf 10,29 % beläuft. Der Zinsaufwand steigt auf 2,15 Mio.

---

[14] Allein die erforderlichen Mittel aus der Außenfinanzierung betragen somit rd. 33 % des Eigenkapitals (= 10 Mio. EUR/30 Mio. EUR) in der Ausgangssituation.

[15] Eine ausführliche Herleitung der Zinskonditionen erfolgt gegen Ende des Praxisbeispiels im Abschn. 4.6.

[16] [37 Mio. EUR/117 Mio. EUR] = 31,62 %.

4.2 Stufe 1: Bestimmung des planbasierten Kredit-Ratings

EUR[17] und der zu erwartende Gewinn (vor Steuern) (EBT) reduziert sich auf 8,14 Mio. EUR.[18] Allein durch die Aufnahme des Bankkredites i. H. v. 10 Mio. EUR zu Beginn der Planperiode und den dadurch hervorgerufenen Rückgang der Eigenkapitalquote steigt die zu erwartende Insolvenzwahrscheinlichkeit gemäß dem Mini-Rating auf 1,15 % an:

$$p_e = \frac{0,265}{1 + e^{-0,41+7,42 \cdot 0,3162+11,2 \cdot 0,1029}} = 1,15\,\%$$

Formel 5: Zu erwartende Insolvenzwahrscheinlichkeit (p_e) für das kommende Planjahr bei Aufnahme eines Bankkredits i. H. v. 10 Mio. EUR

Eine sofortige Aufnahme der für die Transformation benötigten Mittel in voller Höhe reduziert demnach die Bonität von BB+ auf die Ratingnote BB. Eine Planung des Transformationsprojektes hat zudem ergeben, dass aufgrund eines (temporär) steigenden Aufwands in den kommenden drei Jahren der EBIT jeweils um 1 Mio. EUR sinken wird. Damit würde sich im 1. Planjahr der Transformation der ROCE auf 9,29 %[19] verringern und sich die erwartete Insolvenzwahrscheinlichkeit weiter erhöhen auf 1,28 %:

$$p_e = \frac{0,265}{1 + e^{-0,41+7,42 \cdot 0,3162+11,2 \cdot 0,0929}} = 1,28\,\%$$

Formel 6: Zu erwartende Insolvenzwahrscheinlichkeit (p_e) für das kommende Planjahr bei Aufnahme eines Bankkredits i. H. v. 10 Mio. EUR und Beginn der Transformation

Die Unternehmensleitung möge zur Sicherstellung längerfristig tragfähiger Finanzierungskosten und eines breiten Angebotes an Finanzierungsmöglichkeiten in der Risikostrategie festgelegt haben, dass die Bonitätsnote BB+ mindestens zu halten ist. Um die geplante Bonitätsnote von BB auf BB+ zu verbessern, kann entweder das Volumen des aufzunehmenden Bankkredits zunächst reduziert (und damit die Finanzierung sowie ggf. die Umsetzung des Transformationsprojektes über einen längeren Zeitraum gestreckt) werden oder – beispielsweise durch zusätzliche oder vorzuziehende Maßnahmen zur Kostensenkung und Risikoreduktion – der erwartete EBIT erhöht werden. Die Unternehmensleitung beschließt, die Kreditaufnahme zunächst auf 3 Mio. EUR zu reduzieren und in dem 1. Planjahr der Transformation

---

[17] [43 Mio. EUR × 3 % + 10 Mio. EUR × 8,60 %] = 2,15 Mio. EUR.
[18] [10,29 Mio. EUR − 2,15 Mio. EUR] = 8,14 Mio. EUR.
[19] [9,29 Mio. EUR/100 Mio. EUR] = 9,29 %.

Bilanz (Mio. Euro)							Gewinnermittlung (Mio. Euro)			
Aktiva			**Passiva**					1. Jahr	2. Jahr	3. Jahr
1. Jahr	2. Jahr	3. Jahr	1. Jahr	2. Jahr	3. Jahr	EBIT		10,29	9,29	8,29
Sonst. Vermögen: 83	89	95	Eigenkapital: 37	43,12	48,54	Zinsaufwand		1,55	1,55	1,55
Liquide Mittel: 27	27	27	Fremdkapital: 73	73	73	EBT		8,74	7,74	6,74
						Steueraufw.		2,62	2,32	2,02
110	116	122	110	116,1	121,5	Gewinn		6,12	5,42	4,72
Capital Employed: 100	104	108	Eigenkapitalquote (%): 33,64	37,14	39,95	ROCE		10,29 %	8,93 %	7,68 %

Abb. 4.2 Wesentliche finanzielle Auswirkungen des geplanten Transformationsvorhabens in den ersten drei Planjahren

durch ein Kostensenkungsprogramm den durch das Transformationsprojekt verursachten Rückgang des EBIT vollständig zu kompensieren. Unter den Annahmen, dass der Gewinn auch in den folgenden Planjahren vollständig thesauriert wird, die liquiden Mittel sich nicht verändern und das betriebsnotwendige Vermögen aufgrund der vorgenommenen Investitionen ab dem 2. Planjahr jeweils um 4 Mio. EUR steigt, ergibt sich dann die in der Abb. 4.2 dargestellte finanzielle Entwicklung.

Auf Basis der Finanzplanung lassen sich für die Planjahre 1 bis 3 dann die folgenden Insolvenzwahrscheinlichkeiten bestimmen:

1. Planjahr:

$$p_e = \frac{0,265}{1 + e^{-0,41 + 7,42 \cdot 0,3364 + 11,2 \cdot 0,1029}} = 1,00\,\%$$

Formel 7: Zu erwartende Insolvenzwahrscheinlichkeit (p_e) für das 1. Planjahr bei Aufnahme eines Bankkredits i. H. v. 3 Mio. EUR und Beginn der Transformation

2. Planjahr:

$$p_e = \frac{0,265}{1 + e^{-0,41 + 7,42 \cdot 0,3714 + 11,2 \cdot 0,0893}} = 0,90\,\%$$

4.2 Stufe 1: Bestimmung des planbasierten Kredit-Ratings

Formel 8: Zu erwartende Insolvenzwahrscheinlichkeit (p_e) für das 2. Planjahr bei einem Rückgang des EBIT um 1 Mio. EUR

3. Planjahr:

$$p_e = \frac{0,265}{1 + e^{-0,41+7,42 \cdot 0,3995+11,2 \cdot 0,0768}} = 0,84\,\%$$

Formel 9: Zu erwartende Insolvenzwahrscheinlichkeit (p_e) für das 3. Planjahr bei einem weiteren Rückgang des EBIT um 1 Mio. EUR

Insbesondere die unterstellte vollständige Thesaurierung der nach Steuern erwirtschafteten Gewinne ermöglicht es dem Unternehmen, über alle drei Planjahre hinweg die Bonitätsnote BB+ zu halten. Durch die Reduktion der Kreditaufnahme auf 3 Mio. EUR verringert sich im ersten Planjahr der Anstieg der Bilanzsumme auf 110 Mio. EUR.[20] Die Eigenkapitalquote steigt somit auf 33,64 %.[21] Das Kostensenkungsprogramm kompensiert im ersten Planjahr vollständig den Aufwand des Transformationsprojektes, sodass der ROCE gegenüber der Ausgangslage unverändert bei 10,29 % liegt. Im zweiten Planjahr erhöht sich das Eigenkapital um den thesaurierten Gewinn nach Steuern aus dem ersten Planjahr i. H. v. 6,12 Mio. EUR[22] auf dann 43,12 Mio. EUR. Bezogen auf die ebenfalls gestiegene Bilanzsumme i. H. v. 116,12 Mio. EUR[23] verbessert sich die Eigenkapitalquote auf 37,14 %. Der ROCE verschlechtert sich jedoch im zweiten Planjahr bedingt durch einen Anstieg des Capital Employed um 4 Mio. EUR sowie einen transformationsbedingten Rückgang des EBIT i. H. v. 1 Mio. EUR auf 8,93 %.[24] Entsprechend steigt dann die Eigenkapitalquote im 3. Planjahr auf 39,95 % an.[25] Der ROCE reduziert sich demgegenüber auf 7,68 %.[26]

---

[20] [100 Mio. EUR + 7 Mio. EUR (Gewinnthesaurierung) + 3 Mio. EUR (Kredit)] = 110 Mio. EUR.
[21] [37 Mio. EUR/110 Mio. EUR] = 33,64 %.
[22] [10,29 Mio. EUR (EBIT) – 43 Mio. EUR (Netto-Fremdkapital) × 3 % – 3 Mio. EUR × 8,60 % (Kredit)] × (100 % – 30 %) = 6,12 Mio. EUR.
[23] [110 Mio. EUR + 6,12 Mio. EUR (Eigenkapitalerhöhung)] = 116,12 Mio. EUR.
[24] [9,29 Mio. EUR/(100 Mio. EUR + 4 Mio. EUR)] = 8,93 %.
[25] [48,54 Mio. EUR/121,5 Mio. EUR] = 39,95 %.
[26] [8,29 Mio. EUR/(104 Mio. EUR + 4 Mio. EUR)] = 7,68 %.

Die bisher geschilderte Vorgehensweise entspricht in weiten Teilen der einer – stark vereinfachten und reduzierten – klassischen Ratingermittlung. Als ein wesentlich konstituierendes Merkmal ist hier die (oft implizit unterstellte) Fortführung des etablierten Geschäftsmodells des betrachteten Unternehmens auf Basis der bestehenden grundlegenden Wertschöpfungsprozesse zu sehen. Insbesondere von der Erfüllung dieser Annahme hängt es ab, ob eine Analyse der aktuellen und erwarteten Finanzsituation in Verbindung mit der Auswertung ausgewählter (z. T. qualitativer) Informationen eine gute Prognose der Ausfallwahrscheinlichkeit ermöglicht.

Um dem Aspekt Rechnung zu tragen, dass das Unternehmen in den kommenden Jahren eine Transformation zu bewältigen hat, wird dieser klassische, auf die erwartete Entwicklung ausgerichtete Ratingansatz durch zwei weitere Analysen ergänzt. Zunächst ist im Sinne eines Rating-Stresstests zu prüfen, ob das Unternehmen auch in einem Stress-Szenario noch eine hinreichende Bonität aufweist. Vereinfachend sei hier davon ausgegangen, dass die Bonität als noch ausreichend zu erachten ist und das Unternehmen damit den Stresstest besteht, wenn am Ende der Kreditlaufzeit die Ratingnote des Unternehmens in dem Stress-Szenario nicht schlechter als BB−[27] ist bzw. die gestresste Insolvenzwahrscheinlichkeit über die Jahre der Kreditgewährung maximal 2,3 %[28] (pro Jahr) beträgt.[29]

---

[27] Für eine deutlich präzisere Analyse könnte auf Basis einer dynamischen (über den Zeitverlauf abhängig modellierten) Finanzplanung eine Monte-Carlo-Simulation der identifizierten Risiken vorgenommen werden. Die Insolvenzwahrscheinlichkeit könnte dann aus einem Abgleich des bei einer bestimmten Restwahrscheinlichkeit maximal zu erwartenden Eigenkapitalbedarfes *(Earnings-at-Risk)* mit dem vorhandenen Eigenkapital sowie des bei einer bestimmten Restwahrscheinlichkeit maximal zu erwartenden Liquiditätsbedarfes *(Liquidity-at-Risk)* mit den verfügbaren Liquiditätsreserven abgeleitet werden.

[28] Hierbei handelt es sich um einen unteren Grenzwert für die Insolvenzwahrscheinlichkeit bei der Ratingnote BB− (vgl. hierzu Gleißner 2019, S. 2). Aufgrund der mit einem Transformationsvorhaben verbundenen hohe Komplexität und Ungewissheit wird hier der untere Grenzwert im Sinne eines konservativen Schätzwertes angesetzt. Sollte es sich im Rahmen der Stressbetrachtung nicht um eine Transformationsfinanzierung handeln, so könnte hier alternativ auch die erwartete Insolvenzwahrscheinlichkeit i. H. v. 2,96 % (vgl. ebenda) angesetzt werden.

[29] Es ist zu beachten, dass trotz der möglicherweise recht gering erscheinenden jährlichen Insolvenzwahrscheinlichkeit die Wahrscheinlichkeit eines Ausfalls über die gesamte Laufzeit (= kumulierte Ausfallwahrscheinlichkeit) deutlich größer ist. So ergibt sich bei einer jährlichen Insolvenzwahrscheinlichkeit i. H. v. 2,3 % schon bei einer Kreditlaufzeit von drei Jahren eine kumulierte Ausfallwahrscheinlichkeit i. H. v. 6,74 % (= 100 % − (100 % − 2,3 %)^3). Hierbei wird von der Annahme ausgegangen, dass die einjährige Ausfallwahrscheinlichkeit in jedem Jahr unverändert 2,3 % beträgt (⇒ keine Ratingmigration) und die Ausfallereignisse in den Jahren voneinander stochastisch unabhängig sind.

4.3 Stufe 2: Durchführung des Rating-Stresstests

In dem vom Unternehmen ermittelten und durch eine möglichst unabhängige Institution validierten Stress-Szenario sinke im Vergleich zur bisherigen Planung der EBIT um insgesamt 17,0 Mio. EUR. Dieser Rückgang ist auf folgende Szenario-Annahmen zurückzuführen:

Mangelnde Kommunikation und Konflikte führen in Teilen zum Scheitern der Transformation:

Aufgrund eines mangelnden Verständnisses zwischen den Fachbereichen und der IT sowie ungelöster Zielkonflikte bezüglich der Ausgestaltung „querliegender" (unterschiedliche Fachbereiche verbindender) Wertschöpfungsprozesse scheitert ein Teil der geplanten Transformationsprojekte.[30] In der Konsequenz können die in der Planung unterstellten Effizienzgewinne (v. a. durch eine umfassende Digitalisierung der standardisierbaren Wertschöpfungsprozesse) nicht realisiert werden.

Gesamteffekt: −4 Mio. EUR EBIT

(davon 2. Planjahr: −1,5 Mio. EUR und 3. Planjahr: −2,5 Mio. EUR)

Nachhaltigkeit überfordert Unternehmen im Status quo:

Die Komplexität der mit Blick auf eine ökologische und soziale Nachhaltigkeit umzusetzenden Anpassungen bezüglich der Unternehmensführung und Wertschöpfungsprozesse überfordert das Unternehmen mit seiner bestehenden Aufbau- und Ablauforganisation. Anstatt einer geplanten Reduktion kommt es zu einem (weiteren) Anstieg des Energie- und Rohstoffverbrauches sowie der zunehmend kostenintensiven CO_2-Emissionen. Zudem führt eine mangelhafte soziale Nachhaltigkeit zu einem Anstieg des Krankenstandes sowie der Fluktuation von Leistungsträgerinnen und Leistungsträgern.

Gesamteffekt: −6 Mio. EUR EBIT

(davon 1. Planjahr: −1,0 Mio. EUR, 2. Planjahr: −2,0 Mio. EUR und

3. Planjahr: −3,0 Mio. EUR)

---

[30] Als ein entsprechendes Praxisbeispiel kann hier die problematische Integration des agilen Softwareunternehmens Cariad SE in *„einen so komplexen und politischen Konzern wie Volkswagen"* (Seiwert 2022, S. 16) dienen. *„Ob beim Elektro-Porsche Macan oder VWs wenigstens aufgeschobenem Leuchtturmprojekt Trinity – oft haperte es an der Software, über die am Ende auch Blumes Vorgänger Herbert Diess stolperte"* (Holtermann et al. 2023, S. 22).

Transformation führt zu einem unkontrollierten Anstieg der Transaktionskosten:
Der mit der Transformation sehr stark ansteigende Kommunikations-, Abstimmungs- und Entscheidungsbedarf zwischen den verschiedenen Fachbereichen übersteigt bei weitem die bestehenden organisationalen Kompetenzen und damit die für das Projektmanagement und die Projektumsetzung geplanten Zeitbedarfe sowie finanziellen Mittel.[31] Um dennoch den Zeitplan einhalten zu können, wird verstärkt auf externe Dienstleistungen zurückgegriffen. Die hierdurch steigende Anzahl an zu koordinierenden Projektteilnehmerinnen und -teilnehmern erhöht die Komplexität noch weiter, was den Zeitbedarf für Kommunikation, Abstimmungen und Entscheidungen zusätzlich steigert.[32]

Gesamteffekt: −7 Mio. EUR EBIT

(davon 1. Planjahr: −1,0 Mio. EUR, 2. Planjahr: −3,0 Mio. EUR und

3. Planjahr: −3,0 Mio. EUR)

Das Stress-Szenario führt dann über eine Verringerung des EBIT in den jeweiligen Planjahren sowie damit einhergehende sinkende Thesaurierungsmöglichkeiten im dritten Planjahr zu einer Eigenkapitalquote i. H. v. 36,84 %[33]. Unter der Annahme, dass bedingt durch die verringerten Thesaurierungsmöglichkeiten das Capital Employed im zweiten und dritten Planjahr nur um jeweils 2 Mio. EUR erhöht werden kann, beträgt der ROCE im dritten Planjahr dementsprechend nur noch −0,20 % (Abb. 4.3).[34]

---

[31] Zur Abschätzung entsprechender Effekte kann der realisierte Personal-Mehraufwand (in Prozent des Projektbudgets) vergangener (Change-)Projekte zuzüglich eines Transformationszuschlags von z. B. 50 % herangezogen werden. Bei einem Projektbudget von insgesamt 19,26 Mio. EUR (= 3 Mio. EUR erforderliche Außenfinanzierung + 16,26 Mio. EUR thesaurierte Gewinne (nach Steuern) in den Planjahren 1 bis 3) und einem angenommenen anteiligen Personalaufwand i. H. v. rd. 11,7 Mio. EUR würde dies einem in der Vergangenheit realisierten Mehraufwand von rund 40 % entsprechen (40 % × 1,5 × 11,7 Mio. EUR = 7 Mio. EUR).

[32] Dies ist insbesondere auf einen mit einer Erhöhung der Anzahl an Projektteilnehmenden (n) überproportionalen Anstieg der Anzahl an möglichen Kommunikationskanälen (#K) zurückzuführen. Es gilt: #K = n × (n − 1)/2 (vgl. Scheller 2021, S. 140 f.). Sehr eindrucksvoll beschreibt Jeff Sutherland am Beispiel des (zunächst) gescheiterten FBI-Projektes zur Modernisierung der Informationsversorgung die mit einer alleinigen Erhöhung von Projektressourcen verbundenen Umsetzungsprobleme (vgl. Sutherland 2015, S. 9 ff.).

[33] [48,54 Mio. EUR − (2,0 Mio. EUR (EBIT-Rückgang im 1. Jahr) + 6,5 Mio. EUR (EBIT-Rückgang im 2. Jahr)) × (100 % − 30 %)]/[121,54 Mio. EUR − (2,0 Mio. EUR + 6,5 Mio. EUR) × (100 % − 30 %)] = 36,84 %.

[34] [8,29 Mio. EUR − 2,5 Mio. EUR − 3,0 Mio. EUR − 3,0 Mio. EUR]/[108 Mio. EUR − 4 Mio. EUR (Verringerung Capital Employed)] = −0,20 %.

4.3 Stufe 2: Durchführung des Rating-Stresstests

Bilanz (Mio. Euro)						
Aktiva			**Passiva**			
	1. Jahr	2. Jahr	3. Jahr	1. Jahr	2. Jahr	3. Jahr
Sonst. Vermögen:	83	88	89	Eigenkapital: 37	41,72	42,59
Liquide Mittel:	27	27	27	Fremdkapital: 73	73	73
	110	115	116	110	114,7	115,6
Capital Employed:	100	102	104	Eigenkapitalquote (%): 33,64	36,37	36,84

Gewinnermittlung (Mio. Euro)	1. Jahr	2. Jahr	3. Jahr
EBIT	8,29	2,79	-0,21
Zinsaufwand	1,55	1,55	1,55
EBT	6,74	1,24	-1,76
Steueraufw.	2,02	0,37	0,00
Gewinn	4,72	0,87	-1,76
ROCE	8,29 %	2,74 %	-0,20 %

Abb. 4.3 Wesentliche Kalkulationsergebnisse bezüglich des Rating-Stresstests

Auf Basis des bekannten Mini-Ratings lassen sich die Insolvenzwahrscheinlichkeiten für die drei Planjahre des Stress-Szenarios bestimmen. Die zu erwartende Insolvenzwahrscheinlichkeit für das dritte Planjahr erhöht sich somit über 1,24 % (1. Planjahr) und 1,84 % (2. Planjahr) auf:

$$p_e = \frac{0{,}265}{1 + e^{-0{,}41 + 7{,}42 \cdot 0{,}3684 + 11{,}2 \cdot (-0{,}002)}} = 2{,}41\,\%$$

Formel 10: Im Stress zu erwartende Insolvenzwahrscheinlichkeit (p_e) für das 3. Planjahr

Die gemäß der Risikostrategie des Unternehmens in einem Stress-Szenario maximal als akzeptabel erachtete Insolvenzwahrscheinlichkeit i. H. v. 2,30 % würde bei einer Kreditlaufzeit von drei Jahren somit deutlich überschritten werden. Wenn der im dritten Planjahr realisierte Verlust i. H. v. −1,76 Mio. EUR noch vom Eigenkapital abgezogen wird, sinkt die Eigenkapitalquote auf 35,32 % und die Insolvenzwahrscheinlichkeit steigt noch weiter auf 2,67 %. Es ist daher zu prüfen, ob im Rahmen eines Transformation-Rating-Advisory weitere Maßnahmen identifiziert und eingeplant werden können, die eine Begrenzung der Insolvenzwahrscheinlichkeit im Stress-Szenario auf maximal 2,3 % ermöglichen.

4.4 Stufe 3: Kalkulation des Dynamic-Capabilities-Ratings

In der Risikostrategie des Unternehmens sei ergänzend zu den Mindest-Ratings für die erwartete und für die gestresste Entwicklung festgelegt, dass eine Außenfinanzierung eines Transformationsvorhabens nur bei Sicherstellung einer angemessenen Veränderungsfähigkeit der organisationalen Kompetenzen (Dynamic Capabilities) durchgeführt werden darf. Hierdurch soll sichergestellt werden, dass ein mit einer Transformation einhergehender starker Anstieg an Komplexität und Ungewissheit nicht zu einem bestandgefährdenden Anstieg der Transaktionskosten und damit zu einem Scheitern des Transformationsvorhabens führt. Das Ausmaß der Bedrohung, dass ein Unternehmen in die in Abschn. 2.3 geschilderte Komplexitätsfalle gerät, kann mittels eines Dynamic-Capabilities-Ratings bestimmt werden. Dieses lässt sich aus einem wie folgt zu kalkulierenden *Dynamic-Capabilities-Score* (DCS) ableiten:

$$DCS = 0{,}6 \cdot TKS + 0{,}2 \cdot FKS + 0{,}1 \cdot OKS + 0{,}1 \cdot RKS$$

mit

TKS: Transaktionskosten-Kompetenz-Score
FKS: Führungskompetenz-Score
OKS: Orientierungskompetenz-Score
RKS: Resonante-Kommunikation-Score

Formel 11: Dynamic-Capabilities-Score als Basis des Dynamic-Capabilities-Ratings

Die Werte des Dynamic-Capabilities-Scores sind dann in die Ratingnoten von AAA (gerundeter Dynamic-Capabilities-Score = 7) bis CCC/D (gerundeter Dynamic-Capabilities-Score = 1) eines Dynamic-Capabilities-Ratings zu überführen.[35] Dieses Dynamic-Capabilities-Rating sollte dem für die geplante Entwicklung festgelegten Mindest-Rating entsprechen oder besser als dieses sein. In dem hier betrachteten Fall sei unterstellt, dass nur dann eine Transformation angegangen werden darf, wenn das Vorhaben mindestens mit einem Dynamic-Capabilities-Rating

---

[35] Für eine gesamthafte Darstellung der Zuordnung von Werten für den Dynamic-Capabilites-Score zu Ratingnoten und Ausfallwahrscheinlichkeiten siehe Abb. 2.4.

4.4 Stufe 3: Kalkulation des Dynamic-Capabilities-Ratings

der Note BBB (Investment Grade) bewertet werden kann. Damit ist die Mindestanforderung für das Dynamic-Capabilities-Rating um zwei Stufen *(Notches)* besser als die für das planbasierte Rating festgelegte Mindestanforderung von BB+.

Das hier exemplarisch betrachtete Unternehmen leitet den Wert für den Transaktionskosten-Kompetenz-Score vereinfachend aus dem Verhältnis der für die Umsetzung des Transformationsvorhabens erforderlichen Anzahl (#) an fachübergreifenden Kommunikationskanälen (#FüK) (= Ausmaß der Veränderungskomplexität) zu der organisatorisch, prozessual und führungstechnisch im Unternehmen verankerten Anzahl kollaborativ[36] zusammenarbeitender Fachbereiche (#KzF) (= Höhe der Komplexitätsabsorptionsmöglichkeiten) ab:[37]

$$\frac{Veränderungskomplexität}{Komplexitätsabsorption} = \frac{\#FüK \cdot (\#FüK - 1)/2}{\#KzF \cdot (\#KzF - 1)/2} = \frac{\#FüK \cdot (\#FüK - 1)}{\#KzF \cdot (\#KzF - 1)}$$

Formel 12: Verhältnis von Veränderungskomplexität zur Komplexitätsabsorption als Basis zur Bestimmung des Transaktionskosten-Kompetenz-Scores

Diesem Messansatz liegt die institutionenökonomisch und kybernetisch fundierte Annahme zu Grunde, dass eine in Relation zu der (organisatorisch geprägten) Komplexitätsabsorption des Unternehmens hohe Veränderungskomplexität im Verlauf der Umsetzung des Transformationsvorhabens zu einem sehr starken

---

[36] *„Bei Kollaboration überwiegen selbst gesteuerte interaktive Austauschprozesse zwischen den beteiligten Gruppenmitgliedern. Man kann Kooperation daher als die verabredete und arbeitsteilige Wissensteilung von zwei oder mehreren Personen für die Lösung eines Problems definieren. Synergie ist dabei ein mögliches, aber kein notwendiges Kriterium. Der Begriff Kollaboration bezeichnet dagegen den synchronisierten Prozess der konstruktiven Wissensgenerierung von zwei oder mehreren Personen. Die einzelnen Schritte der Wissensgenerierung durch Kollaboration lassen sich dabei nicht bestimmten Beteiligten zuschreiben, sondern sind ein untrennbarer ko-konstruktiver Prozess"* (Bornemann 2012, S. 77).

[37] Einen deutlich präziseren und aussagekräftigeren – jedoch auch datentechnisch aufwendigeren – Ansatz zur Messung der Komplexität von Projekten bietet Michael Frahm. Ergänzend zu den unterschiedlichen Fachbereichen werden hier u. a. auch noch die Anzahl der betroffenen (hierarchischen) Organisationsebenen sowie die Intensität der Verknüpfung jeder Organisationseinheit mit anderen Organisationseinheiten (Organisationsknoten) explizit betrachtet. Zur Komplexitätsmessung lässt sich dann die *Varietätszahl* als Verhältnis der Summe aller Wechselbeziehungen zur Anzahl der Organisationsebenen sowie der *Varietätsgrad* als Quotient aus der Summe aller Wechselbeziehungen und der Summe aller Organisationsknoten bestimmen (vgl. Frahm 2011, S. 22 ff.). Einen ergänzenden oder auch alternativen Scoring-Ansatz zur Messung der Komplexität von Projekten bietet Gerold Patzak. Zu den fünf Analysedimensionen Projektziel, Projektgegenstand, Projektaufgabe, Projektausführende und Projektumfeld sind jeweils drei Kriterien von 1 bis 5 zu bewerten (vgl. Patzak 2009, S. 42 ff. sowie Lange 2015, S. 30 f.).

Anstieg der Transaktionskosten führt.[38] Ein Verhältnis von Veränderungskomplexität und Komplexitätsabsorption größer als eins deutete daraufhin, dass die zur Umsetzung des Transformationsvorhabens erforderlichen Kommunikationsmöglichkeiten die Kommunikationsfähigkeiten des Unternehmens übersteigen. Dies führt höchstwahrscheinlich zu einem bedrohlichen Anstieg der mit der fachbereichsübergreifenden Abstimmung und Entscheidungsfindung einhergehenden Transaktionskosten. Aus dem so ermittelten Verhältnis von Veränderungskomplexität und Komplexitätsabsorption lässt sich dann in einem ersten Schritt der Transaktionskosten-Kompetenz-Score ableiten.[39] Eine Analyse des von dem Unternehmen geplanten Transformationsvorhabens ergibt, dass insgesamt 16 Fachbereiche (5 verschiedene Marktbereiche, 6 Fachbereiche aus der Leistungserstellung sowie 5 Bereiche mit Querschnittsfunktionen (Personal, Controlling, Rechnungswesen, Strategie und IT)) an dem Transformationsvorhaben schwerpunktmäßig beteiligt sind (= #FüK). Die Arbeit ist in dem Unternehmen entsprechend einer Kombination aus einer funktional-hierarchischen Organisation (v. a. mit Blick auf die Querschnittsfunktionen) sowie einer Matrix-Organisation (Kombination aus Kundensegmentierung und Produktsichtweise) strukturiert. Beide Organisationsstrukturen führen in Verbindung mit einem auf finanzielle Individualziele fokussierten Anreizsystem zu einer eher gering ausgeprägten Kooperationskultur im Unternehmen. In weiten Teilen des Unternehmens führen die zum Teil konfliktären Finanzziele sogar zu bewussten Abgrenzungen *(Silo-Denken*[40]*).* Die Unternehmensleitung hat folglich mit der von ihr festgelegten Organisationsstruktur sowie den von ihr zu verantwortenden Anreizsystemen selbst Rahmenbedingungen erschaffen, die eine Kooperation oder gar Kollaboration deutlich erschweren können. Es gibt daher in dem betrachteten Unternehmen kaum Fachbereiche, die verankert über die Aufbau- und Ablauforganisation miteinander kollaborativ arbeiten. Da zumindest formal über die Matrix-Organisation die Möglichkeit zu einer kooperativen Zusammenarbeit zwischen 4 Marktbereichen und 6 Fachbereichen aus der Leistungserstellung angelegt ist (der fünfte Marktbereich befinde sich außerhalb der Matrix-Organisation), wird für die Anzahl der kollaborativ zusammenarbeitenden

---

[38] Vgl. hierzu die in Abschn. 2.3 auf Basis der Institutionenökonomik sowie Kybernetik hergeleiteten Zusammenhänge zwischen der Komplexitäts- und der Transaktionskostenentwicklung.

[39] Im weiteren Verlauf wird von folgender Zuordnung ausgegangen: Bis zu einem Verhältnis von Veränderungskomplexität zu Komplexitätsabsorption von $\leq 0{,}3 \Rightarrow$ Transaktionskosten-Kompetenz-Score = 7, Verhältnis $\leq 0{,}4 \Rightarrow$ Score = 6, Verhältnis $\leq 0{,}6 \Rightarrow$ Score = 5, Verhältnis $\leq 1 \Rightarrow$ Score = 4, Verhältnis $\leq 2{,}0 \Rightarrow$ Score = 3, Verhältnis $\leq 3{,}0 \Rightarrow$ Score = 2, Verhältnis $> 3{,}0 \Rightarrow$ Score 1.

[40] Vgl. Sinz (2022, S. 155 ff.) sowie Pommerening (2022, S. 17 ff.).

4.4 Stufe 3: Kalkulation des Dynamic-Capabilities-Ratings

Fachbereiche (#KzF) hier sehr optimistisch der Wert 10 angesetzt:

$$\frac{Veränderungskomplexität}{Komplexitätsabsorption} = \frac{\#FüK \cdot (\#FüK - 1)/2}{\#KzF \cdot (\#KzF - 1)/2} = \frac{16 \cdot (16 - 1)}{10 \cdot (10 - 1)} = 2{,}7$$

Formel 13: Verhältnis von Veränderungskomplexität zur Komplexitätsabsorption im betrachteten Praxisbeispiel

Allein schon dieses ungünstige Verhältnis von Veränderungskomplexität zur Komplexitätsabsorption führt zu einem Transaktionskosten-Kompetenz-Score i. H. v. 2. Dieser Score korrespondiert entsprechend der zuvor geschilderten Zuordnung mit einer Ratingnoten von B. Die erste Teilkomponente des Dynamic-Capabilities-Ratings erfüllt somit nicht die strategisch festgelegte Mindestanforderung von BBB.

Mit dem Führungskompetenz-Score sollte im Rahmen des Dynamic-Capabilities-Ratings insbesondere beurteilt werden, inwieweit die von der Führung gestalteten Rahmenbedingungen geeignet sind, um ein exploratives Lernen zu ermöglichen und zu fördern. Aufgrund der im Vergleich zum Orientierungskompetenz-Score sowie Resonante-Kommunikation-Score noch recht hohen Gewichtung beschließe die Unternehmensleitung, die Score-Ermittlung durch vier Analysekriterien zu fundieren: Die Anzahl der in einem Halbjahr durchgeführten Retrospektiven[41], die halbjährliche Anzahl umgesetzter Lean Change Management-Maßnahmen[42], der Anteil der für Reflexion und Lernen zur Verfügung stehenden Arbeitszeit sowie der über alle wesentlichen Aufgabenfelder mittels *Delegation Poker* ermittelten Abweichung der durchschnittlichen *Delegationsstufe*[43] im Ist vom jeweiligen Zielwert (zur Beurteilung der Möglichkeiten zum selbstorganisierten Arbeiten und Problemlösen). Die Ausprägungen dieser vier Kriterien können

---

[41] Retrospektiven sind Teamtreffen, in denen systematisch Ideen und Maßnahmen zur Verbesserung der Zusammenarbeit generiert werden. Die Wirksamkeit der Maßnahmen wird regelmäßig – etwa alle ein bis zwei Monate – gemeinsam validiert (vgl. Andresen 2017 sowie Derbey und Larsen 2018).

[42] Im Rahmen des Lean Change Managements werden meist auf Teamebene in Zeitabständen von vier bis acht Wochen Verbesserungsmaßnahmen entdeckt, umgesetzt und validiert (vgl. Scheller 2017, S. 278 ff.).

[43] Beim Delegation-Poker können die Teammitglieder gemeinsam mit der Führungskraft je Aufgabe ermitteln und aushandeln, welche Delegationsstufe (1. Verkünden, 2. Verkaufen, 3. Befragen, 4. Sich einigen, 5. Beraten, 6. Erkundigen, 7. Delegieren) und damit welcher Führungsstil im Zielbild aus Sicht des Teams und der Führung für eine effektive, effiziente und motivierende Aufgabenumsetzung am besten geeignet ist (vgl. Appelo 2018, S. 59 ff.). Die durchschnittliche Delegationsstufe entspricht dann dem Mittelwert aller mit den Stufen von 1 bis 7 bewerteten Aufgaben. In die Ermittlung des Führungskompetenz-Scores fließt dann

jeweils einem Skalenwert von 1 bis 7 zugeordnet und anschließend (z. B. gleichgewichtet) aggregiert werden. Für das Beispielunternehmen betrage der (gerundete) Führungskompetenz-Score 5, was für sich allein genommen einer Ratingnote von A entspricht.

Die Operationalisierung des Orientierungskompetenz-Scores erfolge gemäß Beschluss der Unternehmensleitung mittels der folgenden, von den Mitarbeitenden in den betroffenen Fachbereichen zu beantwortenden vier Fragestellungen:

- „Wie klar sind mir die von mir im Rahmen des Transformationsvorhabens mitzuverantwortenden Ziele?"
- „Wie gut kenne ich die drei wichtigsten – nicht finanziellen – Einflussfaktoren im Hinblick auf die Erreichung dieser Ziele?"
- „Wie gut kann ich frühzeitig erkennen, dass die Erreichung dieser Ziele gefährdet ist?"
- „Wie viele regelmäßig erhobene (quantitative) Frühwarnindikatoren stehen mir zur Beurteilung aktueller Entwicklungen zur Verfügung?"

Eine gleichgewichtete Aggregation der auf einer Skala von 1 bis 7 ausgewählten Antwortmöglichkeiten habe einen (gerundeten) Orientierungskompetenz-Score i. H. v. 4 ergeben. Diese Teilkomponente korrespondiert folglich mit einer Ratingnote von BBB.

Zur Bestimmung des Scores im Hinblick auf eine Resonante Kommunikation seien abschließend die folgenden vier Fragen auf einer Skala von 1 bis 7 zu beantworten:

- „Würden Sie Ihrer Führungskraft folgen, auch wenn Sie nicht disziplinarisch dazu angehalten wären?" (1. Resonanzkriterium[44])
- „Würden Sie sich bei einer freien Wahl für Ihre aktuelle Führungskraft entscheiden?" (2. Resonanzkriterium)
- „Wie verständlich ist für Sie die Kommunikation von Seiten Ihrer Führungskraft?" (1. Kommunikationskriterium)

---

die Abweichung zwischen der gemittelten Ist- und Ziel-Delegationsstufe ein. Die Entwicklung der aufgabenspezifischen Delegationsstufen im Ist und Ziel kann über eine Delegation Board visualisiert werden.

[44] Gemäß Hartmut Rosa eignet sich der Begriff *Resonanz* „*zur Beschreibung von Beziehungsqualitäten in hohem Maße*" (Rosa 2016, S. 281). „*Resonanz ist eine durch Af←fizierung [Einwirkung, Beeinflussung] und E→motion, intrinsisches Interesse und Selbstwirksamkeitserwartung gebildete Form der Weltbeziehung, in der sich Subjekt und Welt gegenseitig berühren und zugleich transformieren*" (ebenda, S. 298).

- „Wie gut können Sie sich mit Kolleginnen und Kollegen in anderen Arbeitsgebieten verständigen?" (2. Kommunikationskriterium)

Es sei angenommen, dass eine gleichgewichtete Aggregation der Antworten zu einem (gerundeten) Wert i. H. v. 4 führt, was ebenfalls einer Teilnote von BBB entspricht.

Damit ergibt sich auf Basis gerundeter Werte[45] der Dynamic-Capabilities-Score zu:

$$DCS = 0{,}6 \cdot 2 + 0{,}2 \cdot 5 + 0{,}1 \cdot 4 + 0{,}1 \cdot 4 = 3$$

Formel 14: Dynamic-Capabilities-Score als Basis des Dynamic-Capabilities-Ratings im betrachteten Praxisbeispiel

Der Dynamic-Capabilities-Score i. H. v. 3 führt insgesamt zu einer Ratingnote von BB für das Dynamic-Capabilities-Rating. Die so bestimmte Fähigkeit des Unternehmens, auf den mit einer Transformation einhergehenden starken Anstieg an Ungewissheit und Komplexität mit einer Anpassung der organisationalen Kompetenzen reagieren zu können, ist vor dem Hintergrund der in der Risikostrategie festgelegten Mindestbonität (BBB/Investment Grade) nicht ausreichend.

4.5 Transformation-Rating-Advisory

Um das Transformationsvorhaben dennoch durchführen zu können, entscheide sich die Unternehmensleitung dazu, einen größeren Teil der bestehenden Organisationsstruktur in eine Team-Organisation zu überführen. Die Team-Organisation ermöglicht auf einem deutlich höheren Komplexitätsniveau ein effektives und effizientes Arbeiten als die funktional-hierarchische Organisation, da die Varietät (im Sinne der Anzahl möglicher Handlungsoptionen) bei einem kollaborativ arbeitenden Team deutlich höher sein kann als bei funktional getrennt arbeitenden Menschen. Durch den Übergang zu einer teilweisen Team-Organisation erhöht sich die Anzahl der kollaborativ zusammenarbeitenden Fachbereiche auf 16. Das Verhältnis von Veränderungskomplexität zur Komplexitätsabsorption verringert sich hierdurch auf 1:

---

[45] Für eine genauere Analyse können auch die ungerundeten Werte zur Ermittlung des Dynamic-Capabilities-Scores verwendet werden.

$$\frac{Veränderungskomplexität}{Komplexitätsabsorption} = \frac{\#FüK \cdot (\#FüK-1)/2}{\#KzF \cdot (\#KzF-1)/2} = \frac{16 \cdot (16-1)}{16 \cdot (16-1)} = 1,0$$

Formel 15: Verhältnis von Veränderungskomplexität zur Komplexitätsabsorption nach dem Übergang zu einer Team-Organisation

Das Verhältnis von 1 korrespondiert mit einem Transaktionskosten-Kompetenz-Score von 4 bzw. einer Teilnote von BBB. Der Dynamic-Capabilities-Score verbessert sich in der Konsequenz auf:

$$DCS = 0,6 \cdot 4 + 0,2 \cdot 5 + 0,1 \cdot 4 + 0,1 \cdot 4 = 4,2$$

Formel 16: Dynamic-Capabilities-Score nach dem Übergang zu einer Team-Organisation

Durch den teilweisen Übergang zu einer Team-Organisation erhöht sich das Dynamic-Capabilities-Rating auf die Ratingnote BBB und ist somit konform zu der in der Risikostrategie festgehaltenen Mindestbonität. Zu beachten ist, dass sich mit dem teilweisen Übergang zu einer Team-Organisation die zu stellenden Anforderungen an die Kompetenzen der in kollaborativen Teams arbeitenden Menschen sowie das Führungsverständnis und die erforderlichen Führungskompetenzen grundlegend (im Vergleich zu einer funktional-hierarchischen Organisation) verändern können.[46] Zudem sind bei einer Team-Organisation insbesondere die Team-Leistung sowie Team-Entwicklungsziele angemessen wirksam in den Anreizsystemen zu verankern.

Die avisierte Anpassung der Aufbau- und Ablauforganisation sowie des Führungsverständnisses und der Kompetenzen führt zu einer wesentlichen Veränderung der im Rahmen des Stress-Szenarios getroffenen Annahmen. Aufgrund der nun deutlich steigenden Komplexitätsabsorptionsmöglichkeiten verringert sich die Gefahr eines transformationsgetriebenen Anstiegs der Transaktionskosten von –

---

[46] Das Kompetenzprofil von kollaborativ und selbstorganisiert arbeitenden Teammitgliedern wird auch als *T-shaped Professionals* bezeichnet, das von den Führungskräften als *X-shaped Professionals*. Der vertikale Strich des *T* steht dabei für ein breites und vernetztes Fachwissen, während der horizontale Balken eine erforderliche umfassende Sozialkompetenz zum Ausdruck bringen soll (vgl. hierzu Rubin 2014, S. 241 ff., Seeger 2020 sowie Egle et al. 2021). X-shaped Professionals zeichnen sich dadurch aus, dass sie eine Gruppe von T-shaped Professionals zu einem *High-Performance Team* (vgl. Jenewein und Heidbrink 2008) weiterentwickeln können. Besonders hilfreich kann hierbei der Rückgriff auf die Konzepte der *synergetischen Führung* (vgl. Graf et al. 2020) sowie der *lateralen Führung* (vgl. Kühl 2016, Hische und Hische 2019 sowie Geschwill und Nieswandt 2020) sein, bei denen der Fokus der Führungstätigkeit auf der Gestaltung der Interaktion zwischen den Teammitgliedern (den *Systemfunktionen*) liegt.

4.5 Transformation-Rating-Advisory

Bilanz (Mio. Euro)							Gewinnermittlung (Mio. Euro)			
Aktiva			**Passiva**					1. Jahr	2. Jahr	3. Jahr
1. Jahr	2. Jahr	3. Jahr	1. Jahr	2. Jahr	3. Jahr	EBIT		8,79	4,29	1,79
Sonst. Vermögen: 83	88	90	Eigenkapital: 37	42,07	43,99	Zinsaufwand		1,55	1,55	1,55
						EBT		7,24	2,74	0,24
Liquide Mittel: 27	27	27	Fremdkapital: 73	73	73	Steueraufw.		2,17	0,82	0,07
110	115	117	110	115,1	117,0	Gewinn		5,07	1,92	0,17
Capital Employed: 100	102	104	Eigenkapitalquote (%): 33,64	36,55	37,60	ROCE		8,79 %	4,21 %	1,72 %

Abb. 4.4 Wesentliche Ergebnisse des Rating-Stresstests bei Berücksichtigung der Maßnahmen aus dem Transformation-Rating-Advisory

7 Mio. EUR EBIT auf −3 Mio. EUR EBIT (der hierdurch hervorgerufene Anstieg des EBIT in Höhe von insgesamt 4 Mio. EUR verteile sich wie folgt auf die einzelnen Jahre: 1. Planjahr: 0,5 Mio. EUR, 2. Planjahr: 1,5 Mio. EUR und 3. Planjahr: 2,0 Mio. EUR). Die verbesserte Ertragsentwicklung führt dann im dritten Planjahr zu einer Eigenkapitalquote i. H. v. 37,60 % sowie zu einem ROCE i. H. v. 1,72 % (vgl. Abb. 4.4).

Entsprechend dem bekannten Mini-Rating beträgt die Insolvenzwahrscheinlichkeit im ersten Planjahr 1,18 %, im zweiten Planjahr 1,56 % und im dritten Planjahr dann:

3. Planjahr der Transformation (Stress-Szenario inkl. Team-Organisation)

$$p_e = \frac{0{,}265}{1 + e^{-0{,}41 + 7{,}42 \cdot 0{,}3760 + 11{,}2 \cdot 0{,}0172}} = 1{,}88\,\%$$

Formel 17: Im Stress zu erwartende Insolvenzwahrscheinlichkeit (p_e) für das 3. Planjahr unter Einbeziehung von Maßnahmen aus dem Transformation-Rating-Advisory

Die gemäß der Risikostrategie des Unternehmens im Stress-Szenario maximal als akzeptabel erachtete Insolvenzwahrscheinlichkeit i. H. v. 2,30 % kann bei einer Kreditlaufzeit von drei Jahren nun gut eingehalten werden. Anstelle des vorherigen

Verlustes wird im dritten Planjahr noch ein – wenn auch geringer – Gewinn i. H. v. 0,17 Mio. EUR erwirtschaftet.

Als ein wesentliches Zwischenfazit bleibt festzuhalten, dass die im Rahmen des Transformation-Rating-Advisory herausgearbeiteten Maßnahmen einen wesentlichen Beitrag leisten können, sowohl die mit Blick auf die Bonität definierten Mindestanforderungen zu erfüllen als auch die Fähigkeit des Unternehmens, mit Komplexität konstruktiv umgehen zu können ($\Rightarrow$ Dynamic-Capabilities-Rating), deutlich zu verbessern.

4.6 Kalkulation der Konditionen einer Transformationsfinanzierung

Nachdem die Möglichkeiten zur Transformationsfinanzierung sowie Maßnahmen zur Gestaltung eines entsprechenden Ratings anhand des skizzierten Beispielunternehmens aufgezeigt worden sind, wird nun abschließend noch auf die zu erwartenden Konditionen der Transformationsfinanzierung eingegangen. Die von Banken im Rahmen einer Kreditvergabe gestellten Konditionen setzen sich im Wesentlichen aus den folgenden fünf Komponenten zusammen:[47]

$$\begin{aligned}Kreditkonditionen&(Preisuntergrenze)\\&= Einstandszins\\&+ (Standard0) Risikokosten\\&+ Eigenkapital(bindungs)kosten\\&+ Standardeinzelkosten des Kredits\\&+ Gewinnmarge\end{aligned}$$

Formel 18: Komponenten der Kalkulation eines Zinssatzes für einen Unternehmenskredit

Der Einstandszins leitet sich aus den fristenkongruenten Refinanzierungskosten am Geld- und Kapitalmarkt (bei einer sehr guten Bonität) ab. Da die Kreditlaufzeit in dem hier gewählten Praxisbeispiel 3 Jahre beträgt, ist als Einstandszins der dreijährige Zins am Kapitalmarkt anzusetzen. Für eine exemplarische Kalkulation sei angenommen, dass dieser zum Zeitpunkt der Kreditvergabe 3 % beträgt.

Die (Standard-)Risikokosten dienen der Deckung des durchschnittlich zu erwartenden Verlustes aus Kreditausfällen. Der zu erwartende Verlust (Expected Loss

---

[47] Vgl. Hellenkamp (2022, S. 160).

4.6 Kalkulation der Konditionen einer Transformationsfinanzierung

(EL)) lässt sich vereinfachend auf Basis der erwarteten bonitäts- bzw. ratingabhängigen Ausfallwahrscheinlichkeit (Probability of Default (PD)), der von der Besicherung abhängigen Verlustquote (Loss Given Default (LGD)) sowie des ausstehenden Kreditvolumens im Falle eines Ausfalls (Exposure at Default (EaD)) wie folgt berechnen:[48]

$$EL = PD \cdot LGD \cdot EaD$$

Formel 19: Grundgleichung zur Kalkulation von (Standard-)Risikokosten
In dem hier betrachteten Beispiel wurde eine jährliche Insolvenz- bzw. Ausfallwahrscheinlichkeit von rd. 1 %[49] ermittelt.[50] Unter der Annahme, dass 50 % des Kredites i. H. v. 3 Mio. EUR mit Gewerbeimmobilien besichert sind ($\Rightarrow$ LGD = 100 % – 50 % (Besicherung) = 50 %)[51], ergibt sich der Expected Loss des Kreditengagements zu:

$$EL = 1\,\% \cdot 50\,\% \cdot 3\,\text{Mio. EUR} = 15.000\,\text{EUR}$$

Formel 20: Expected Loss bei einer PD i. H. v. 1 % (Rating BB+), einer Besicherung von 50 % und einem Kreditvolumen i. H. v. 3 Mio. EUR
Bezogen auf das Kreditvolumen i. H. v. 3 Mio. EUR betragen die (Standard-) Risikokosten (SR) dann:

$$SR = \frac{15.000\,\text{EUR}}{3\,\text{Mio. EUR}} = 0,5\,\%$$

---

[48] Schierenbeck et al. (2014, S. 292 f.).

[49] Dem in der Risikostrategie für das planbasierte (erwartete) Rating festgehaltenen Mindest-Rating von BB+ kann gemäß der Deutschen Bundesbank eine Ausfallwahrscheinlichkeit von 1 % zugeordnet werden (vgl. Deutsche Bundesbank 2022a).

[50] Es handelt sich hierbei um eine vereinfachende Vorgehensweise. Eine genauere Kalkulation der (Standard-)Risikokosten kann durch die Ermittlung von barwertigen Teil-(Standard-)Risikokosten erfolgen. Diese entsprechen dem Produkt aus bedingten Ausfallwahrscheinlichkeiten des jeweiligen Laufzeitjahres und dem Barwert des zum jeweiligen Laufzeitjahr noch ausfallgefährdeten Kundencashflows. Die auf das Kreditvolumen bezogenen (Standard-)Risikokosten entsprechen dann dem Verhältnis der Summe der barwertigen Teil-(Standard-)Risikokosten und der Summe der Barwerte der jeweils noch ausfallgefährdeten Kundencashflows (vgl. Schierenbeck et al. 2014, S. 320 ff.).

[51] Vereinfachend wird davon ausgegangen, dass die Anrechnung von Sicherheiten im Rahmen der Expected Loss-Kalkulation mit der im Kontext der regulatorischen Bestimmung risikogewichteter Positionsbeträge übereinstimmt.

Formel 21: (Standard-)Risikokosten bei einer PD i. H. v. 1 % (Rating BB+) und einer Besicherung von 50 %

Die Eigenkapital(bindungs)kosten resultieren aus der Tatsache, dass eine Bank zur Absicherung des mit der Kreditvergabe verbundenen unerwarteten Verlustes (Unexpected Loss) Eigenkapital vorzuhalten hat. Dieses durch die Kreditvergabe gebundene Eigenkapital muss die Bank (für die Eigenkapitalgeber) risikoadäquat verzinsen. Gelingt es einer Bank nicht, über alle Geschäfte die risikoadäquate Verzinsung des Eigenkapitals zu erwirtschaften, so vernichtet die Bank mit ihrer Geschäftstätigkeit ihren Unternehmenswert.[52] In dem hier betrachteten Beispiel möge die Bank eine Kalkulation der Eigenkapital(bindungs)kosten aus regulatorischer Sicht gemäß dem Kreditrisikostandardansatz (KSA) vornehmen. Die zur Bestimmung der Eigenkapitalbindung heranzuziehenden risikogewichteten Positionsbeträge (*Risk Weighted Assets*, kurz: RWA) eines Kredites lassen sich gemäß dem Kreditrisikostandardansatz wie folgt bestimmen:[53]

$$RWA = Positionswert \cdot Risikogewicht$$

Formel 22: Ermittlung risikogewichteter Positionsbeträge (RWA) gemäß dem Kreditrisikostandardansatz (KSA)

Die Regulatorik schreibt für die in diesem Beispiel (indikativ) ermittelte Ratingnote von BB+ ein Risikogewicht i. H. v. 100 % vor.[54] Für den mit Gewerbeimmobilien besicherten Teilbetrag des Kredites[55] reduziert sich das Risikogewicht auf 50 %.[56]

---

[52] Gemäß Analysen von Bain & Company sind die Banken in Deutschland im Branchendurchschnitt seit 2008 durchgehend nicht mehr in der Lage, ihre Eigenkapitalkosten zu verdienen (vgl. Sinn et al. 2022, S. 7).

[53] Vgl. Norget (2020, S. 105 f.) sowie Andrae et al. (2018, S. 138 ff.).

[54] Für eine Bonitätsnote von AAA bis AA− beträgt das KSA-Risikogewicht (gemäß der KSA-Neuregelung, vgl. BCBS 2023, S. 22 f.) für Kredite an Unternehmen 20 %, von A+ bis A− 50 %, von BBB+ bis BBB− 75 %, von BB+ bis BB− 100 % und unterhalb von BB− 150 % (vgl. Zirkler et al. 2020, S. 191 sowie Zirkler et al. 2021, S. 25). Dabei wird jeweils eine mittlere dreijährige Ausfallrate i. H. v. 0,1 % (AAA bis AA−), 0,25 % (A + bis A−), 1,0 % (BBB+ bis BBB−), 7,5 % (BB+ bis BB−), 20 % (B+ bis B−) bzw. 34 % (ab CCC) unterstellt (vgl. Baule 2019, S. 377).

[55] Der besicherte Teil des Kredites entspricht dem Minimum aus 50 % des Marktwertes (Verkehrswertes) und 60 % des Beleihungswertes der Gewerbeimmobilie (vgl. Andrae 2020, S. 172). Zur Bestimmung des Beleihungswertes kann das Sachwertverfahren, das Ertragswertverfahren und das Vergleichswertverfahren herangezogen werden (vgl. hierzu ausführlich Friedrichsen 2021, S. 31 ff.).

[56] Vgl. Andrae (2020, S. 175); mit der Neuregelung des KSA ist das Risikogewicht abhängig von dem Beleihungsauslauf der Finanzierung (der sogenannten *Loan-to-value Ratio*) und

4.6 Kalkulation der Konditionen einer Transformationsfinanzierung

Die für den durch eine Gewerbeimmobilie zu 50 % besicherten Unternehmenskredit anzusetzenden RWA ergeben sich somit zu:

$$RWA = 3,0 \, \text{Mio. EUR} \cdot 50\% \cdot 100\% + 3,0 \, \text{Mio. EUR} \cdot 50\% \cdot 50\%$$
$$= 2,25 \, \text{Mio. EUR}$$

Formel 23: Ermittlung risikogewichteter Positionsbeträge (RWA) gemäß dem Kreditrisikostandardansatz (KSA) bei einer Besicherung durch Gewerbeimmobilien i. H. v. 50 %

Bei einer unterstellten *Kernkapitalquote*[57] i. H. v. rd. 16 %[58] und einem Eigenkapitalkostensatz i. H. v. 14,14 %[59] betragen die in der Kalkulation anzusetzenden

---

liegt für Gewerbeimmobilien dann nicht mehr konstant bei 50 % sondern zwischen 60 und 150 % (vgl. BCBS 2023, S. 43 f. sowie Zirkler et al. 2020, S. 53 ff.).

[57] Das Kernkapital setzt sich zusammen aus dem *harten Kernkapital* und dem sogenannten *zusätzlichen Kernkapital*. Zu dem harten Kernkapital sind insbesondere das Stammkapital, stille Einlagen sowie Gewinnrücklagen zu zählen. Für eine rechtmäßige Anerkennung als Kernkapital muss v. a. eine effektive Kapitaleinzahlung, eine dauerhafte Kapitalbereitstellung, eine Verlustabsorption durch Nachrangigkeit und uneingeschränkte Verlustteilnahme sowie eine Zahlungsflexibilität über den Ausschluss obligatorischer Ausschüttungen bestehen. Beim zusätzlichen Kernkapital dürfen (unter bestimmten Voraussetzungen) nach frühestens fünf Jahren Kündigungen oder Rückkäufe vorgenommen werden (vgl. Zirkler et al. 2020, S. 11 f.). Die Relation von Kernkapital zu RWA wird als *Kernkapitalquote* bezeichnet.

[58] Die Kernkapitalquote i. H. v. 16 % entspricht dem (gerundeten) Mittelwert der Kernkapitalquote von Sparkassen und Kreditgenossenschaften (15,2 %) sowie großen (systemrelevanten) Banken (17,1 %) zum Ende des zweiten Quarts des Jahres 2022. Diese möglicherweise recht hoch erscheinenden Werte relativieren sich deutlich, wenn das Kernkapital in Relation zur Bilanzsumme gesetzte wird. Die (ungewichtete) Eigenkapitalquote der Sparkassen und Kreditgenossenschaften beträgt dann nur noch gut 8 %, die der großen (systemrelevanten) Banken sogar nur noch etwas mehr als 4 % (vgl. Deutsche Bundesbank 2022c, S. 49). Die an der Bilanzsumme gemessene geringe Eigenkapitalausstattung spiegelt sich auch in der sogenannten *Leverage Ratio* wider, welche das aufsichtliche Kernkapital in Beziehung zum (bilanziellen und außerbilanziellen) Gesamtengagement setzt (vgl. Hellenkamp 2022, S. 120 f.). Gemäß dem Risk Dashboard der European Banking Authority (EBA) belief sich per Ende September 2022 die Leverage Ratio der deutschen Banken auf rd. 4,7 % (vgl. EBA 2022).

[59] Gemäß PWC eValuation Data Deutschland belief sich im Januar 2023 die am Kapitalmarkt von Banken in Deutschland geforderte Eigenkapitalverzinsung auf 9,9 % (vgl. PWC 2023); die von Bain & Company im Jahr 2022 geschätzte Bandbreite des Eigenkapitalkostensatzes von 7–9 % kommt vor dem Hintergrund des von PWC von Januar 2022 (8,5 %) bis Januar 2023 ermittelten Kapitalkostenanstieges i. H. v. 1,4 %-Punkten zu einem ähnlichen Ergebnis (vgl. Sinn et al. 2022, S. 7). Bei einer angenommenen Steuerbelastung i. H. v.

absoluten Eigenkapital(bindungs)kosten:[60]

$$absolute\ Eigenkapital(bindungs)kosten = 2{,}25\ \text{Mio. EUR} \cdot 16\,\% \cdot 14{,}14\,\%$$
$$= 50.904\ \text{EUR}$$

Formel 24: Absolute Eigenkapital(bindungs)kosten (vor Steuern) aufseiten der Bank

Bezogen auf das Kreditvolumen i. H. v. 3 Mio. EUR entspricht dies Eigenkapital(bindungs)kosten i. H. v.:

$$Eigenkapital(bindungs)kosten = \frac{50.904\ \text{EUR}}{3\ \text{Mio. EUR}} = 1{,}70\,\%$$

Formel 25: Eigenkapital(bindungs)kosten (vor Steuern) aufseiten der Bank

Ergänzend zu den (Standard-)Risikokosten und den Eigenkapital(bindungs)kosten müssen (aus Sicht einer kreditgewährenden Bank) auch noch die Standardeinzelkosten des Kredites erwirtschaftet werden. Diese umfassen sämtliche Kosten, die der Vergabe des Kredites direkt zugerechnet werden können. Hierbei handelt es sich v. a. um Personal- und Sachkosten. Sofern die Kreditvergabe nach einem hoch standardisierten Prozess erfolgen kann, sind die anzusetzenden Standardeinzelkosten recht gering. Bezogen auf das Kreditvolumen betragen die Standardeinzelkosten meist nur wenige Basispunkte. Bei dem hier betrachteten Beispiel einer Transformationsfinanzierung ist v. a. bedingt durch die z. T. recht zeit-, personal- und qualifikationsintensive Bonitätsprüfung (ähnlich der Prüfung im Rahmen einer Financial Due Diligence[61]) mit deutlich höheren Personalkosten zu rechnen. Als eine erste Schätzung können die im Rahmen von Projekt- oder auch Venture Debt-Finanzierungen anzusetzenden Einzelkosten als Kalkulationsgrundlage dienen. In dem Beispiel hier wird von absoluten Standardeinzelkosten i. H. v. 126.000 EUR ausgegangen.[62] Bezogen auf das Kreditvolumen i. H. v. 3 Mio. EUR und verteilt

---

30 % (Körperschafts- und Gewerbesteuer) ergibt sich hieraus ein Eigenkapitalkostensatz (vor Steuern) i. H. v. 14,14 % (= 9,9 %/(100 % − 30 %)).

[60] Es wird hierbei unterstellt, dass das vorhandene Kernkapital mit dem zu verzinsenden Eigenkapital übereinstimmt.

[61] Siehe hierzu Pomp (2020).

[62] Dies würde direkt zurechenbaren Sachkosten i. H. v. 36.000 EUR und der Beschäftigung von einem Team mit drei Personen (bei einem durchschnittlichen Tagessatz pro Person i. H. v. 1.500 EUR) über einen Zeitraum von insgesamt 20 Tagen (16 Tage im Jahr des Kreditabschlusses sowie jeweils 2 Tage zur Validierung der Unternehmensentwicklung während der zwei folgenden Jahre) entsprechen.

auf die dreijährige Kreditlaufzeit ergeben sich dann im Rahmen der Zinskalkulation anzusetzende Standardeinzelkosten des Kredits i. H. v. 1,4 % (pro Jahr).[63]

Die Gewinnmarge determiniert abschließend, ob mit dem vergebenen Kredit ein ökonomischer Mehrwert geschaffen werden kann oder nicht. Dabei ist zu beachten, dass eine an sich positive Gewinnmarge für sich allein genommen noch keinen wertsteigernden Beitrag der Kreditvergabe sicherstellen kann. Sofern nur die Einzelkosten in die Kalkulation einfließen, muss ein Teil der Gewinnmarge auch noch zur Deckung der Gemeinkosten herangezogen werden.[64] In der Praxis kann daher oft nur im Rahmen einer Nachkalkulation auf Ebene einzelner Profitcenter ermittelt werden, ob (über alle Geschäfte hinweg) tatsächlich (mindestens) eine Verzinsung des gebundenen Eigen- bzw. Kernkapitals entsprechend der Eigenkapitalkosten realisiert werden konnte. Ein hoher Gemeinkostenanteil kann es für eine Bank daher sehr schwer machen, herauszufinden, mit welchen Produkten und Dienstleistungen überhaupt ein *Übergewinn* (i. S. eines positiven Netto-Ergebnisses nach Eigenkapitalkosten (Deckungsbeitrag III[65])) erwirtschaftet werden kann. Mit Blick auf das sich im Rahmen des Rating-Stresstests gezeigte recht hohe Insolvenzrisiko sowie einem unterstellten Bedarf zur Deckung der Gemeinkosten wird eine Gewinnmarge i. H. v. 2 % unterstellt.[66]

Über alle Komponenten hinweg ergibt sich dann ein von dem Unternehmen zu zahlender Kreditzins i. H. v.:

$$Kreditkonditionen(Preisuntergrenze)$$
$$= 3{,}00\,\% \ (Einstandszins)$$
$$+0{,}50\,\% \ ((Standard\text{-})Risikokosten)$$
$$+1{,}70\,\% \ (Eigenkapital(bindungs)kosten)$$
$$+1{,}40\,\% \ (Standardeinzelkosten)$$
$$+2{,}00\,\% \ (Gewinnmarge) = 8{,}60\,\%$$

---

[63] Da die Standardeinzelkosten eher transaktionsgetrieben als von der Kredithöhe abhängig sind, können die Standardeinzelkosten in Abhängigkeit von der Kredithöhe und der Kreditlaufzeit variieren.

[64] Ein Teil der Gemeinkosten kann in der Praxis u. a. auch durch Provisionserträge finanziert werden (vgl. Sinn et al. 2022, S. 9).

[65] Vgl. Schierenbeck et al. (2014, S. 60 ff.).

[66] So würde sich allein durch eine Verschlechterung des Ratings entsprechend dem Stress-Szenario auf die Ratingnote BB− eine Erhöhung der erwarteten Insolvenz- bzw. Ausfallwahrscheinlichkeit auf 2,96 % (vgl. Gleißner 2019, S. 2) und damit eine Erhöhung der (Standard-)Risikokosten um 0,98 %-Punkte (= ([2,96 % · 50 % · 3 Mio. EUR/3 Mio. EUR] − 0,50 %), vgl. hierzu die Formeln 20 und 21) auf 1,48 % ergeben.

Formel 26: Kalkulation des Kreditzinssatzes im betrachteten Praxisbeispiel
Dieser Kreditzinssatz erscheint vor dem Hintergrund von Zinskonditionen für Venture Debt-Finanzierung von (risikoreicheren) Start-ups mit einer Laufzeit von 2–4 Jahren zu einem (jährlich) Zins von 9–12 % als plausibel.[67] Einen wesentlichen Einfluss auf die Konditionengestaltung hat hierbei der Umfang der Besicherung. Sowohl die (Standard-)Risikokosten als auch die Eigenkapital(bindungs)kosten würden sich bei einer geringeren Besicherung deutlich erhöhen. Für den (eher theoretischen) Fall, dass der hier betrachtete Unternehmenskredit nicht besichert werden könnte, würden sich gemäß der oben geschilderten Kalkulationsgrundlagen die (Standard-)Risikokosten auf 1,00 % verdoppeln.[68] Die Eigenkapital(bindungs)kosten würde sich um 0,53 %-Punkte erhöhen auf:

$$Eigenkapital(bindungs)kosten = \frac{3 \text{ Mio. EUR} \cdot 100\% \cdot 16\% \cdot 14,14\%}{3 \text{ Mio. EUR}}$$
$$= 2,23\%$$

Formel 27: Eigenkapital(bindungs)kosten (vor Steuern) bei Vergabe eines unbesicherten Kredites
Die im Sinne einer Preisuntergrenze kalkulierten Kreditkonditionen würden sich somit insgesamt um 1,03 %-Punkte auf dann 9,63 % erhöhen. Eine möglicherweise durch die Geldpolitik der Europäischen Zentralbank hervorgerufene Anhebung des Einstandszinses würde sich ebenfalls direkt und in voller Höhe in der anzusetzenden Preisuntergrenze niederschlagen. So würde ein Anstieg des Einstandszinses um 2 %-Punkte zu einer Erhöhung der Preisuntergrenze von 8,60 % auf 10,60 % führen.

Anhand dieser indikativen Kalkulation lässt sich bereits erkennen, vor welchen strategischen Herausforderungen sowohl Unternehmen als auch Banken mit Blick auf eine Transformationsfinanzierung stehen. Zum einen müssen Banken – anders als Privatinvestoren – für die Finanzierung hochverzinsliches Eigenkapital vorhalten. Sollte ein Unternehmen anstelle des Bankkredites eine Fremdkapitalfinanzierung über Nicht-Banken *(Private Debt)* oder über *Venture Debt Funds*[69] realisieren, so kann es seine Finanzierungskosten (ggf. teilweise) um die von Banken anzusetzenden Eigenkapital(bindungs)kosten reduzieren. Banken droht folglich gerade mit Blick auf risikoreichere Finanzierungen ein persistenter Wettbewerbsnachteil.

---

[67] Vgl. Polok et al. (2021, S. 224).
[68] Gemäß der Formeln 20 und 21 würden sich dann der Expected Loss auf 30.000 EUR
  (= 1 % · 100 % · 3 Mio. EUR) und damit die auf das Kreditvolumen i. H. v. 3 Mio. EUR bezogenen (Standard-)Risikokosten auf 1 % erhöhen.
[69] Vergabe von Risikodarlehen v. a. durch institutionelle Investoren (vgl. Heuzeroth 2022, S. 25 f.).

4.6 Kalkulation der Konditionen einer Transformationsfinanzierung

Zum anderen ist mit Blick auf die voranschreitende Digitalisierung von Geschäftsmodellen (Stichworte: *Asset-Light Business Model*[70], *Sharing Economics*[71]) und zunehmend ressourcensparender Wertschöpfungsprozesse (Stichwort: ökologische Nachhaltigkeit) davon auszugehen, dass Unternehmen perspektivisch eher über weniger materielle Vermögensgegenstände verfügen, die sie als Sachsicherheiten[72] im Rahmen einer Kreditfinanzierung einbringen können. Eine durch die Digitalisierung und steigende ökologische Nachhaltigkeitsanforderungen ggf. sinkende Nachfrage nach materiellen Vermögensgegenständen (wie z. B. Immobilien) sowie ein damit möglicherweise einhergehender Abwertungsbedarf (Stichwort: *Stranded Assets*[73]) kann zudem den im Rahmen einer Kreditvergabe anzusetzenden Wert der Sachsicherheiten reduzieren.[74] Dies kann den durch die Eigenkapitalunterlegung hervorgerufenen Wettbewerbsnachteil von Banken noch weiter verschärfen, da immaterielle Vermögensgegenstände – wie beispielsweise Software[75], Daten[76], Algorithmen[77], Urheberrechte[78], Patente oder Markenschutzrechte[79] – unter regulatorischen Gesichtspunkten nicht als Kreditsicherheit berücksichtigt werden können. Immaterielle Vermögensgegenstände können allenfalls im Hinblick auf die ökonomische Risikotragfähigkeit eine Berücksichtigung finden, sofern der Wert der immateriellen Vermögensgegenstände hinreichend präzise und verlässlich ermittelt werden kann und dieser (weitestgehend) unabhängig von der finanziellen Situation

---

[70] Vgl. Varadarajan et al. (2021).

[71] Vgl. Zhang (2021) sowie Sundararajan (2016).

[72] Unter regulatorischen Gesichtspunkten können Banken (bisher) nur Sach- und Personensicherheiten (sowie Aufrechnungsvereinbarungen) zur Reduktion der risikogewichteten Positionsbeträge (RWA) ansetzen (vgl. Hellenkamp 2022, S. 149 ff. sowie Andrae 2020, S. 155 ff.).

[73] „*Vermögenswerte, die durch den Ausstieg aus fossilen Brennstoffen an Wert verlieren, werden in der Literatur unter dem Begriff Stranded Assets diskutiert*" (Deutsche Bundesbank 2019, S. 218).

[74] So sind gemäß Gerhard Hellstern „*in die Schätzungen vorhandener Sicherheitenwerte [...] – soweit möglich – neben (geschätzten) Marktwerten auch die Erfahrungen aus tatsächlichen Verwertungen zu berücksichtigen. In Letzteren sollten in der Praxis insbesondere Effekte aus verlängerten Verwertungsdauern oder aus schwierigen Verwertungsfällen enthalten sein. Ein weiterer Aspekt ist, dass potenzielle Wertminderungen der Sicherheiten zwischen dem Zeitpunkt der Schätzung und dem Verwertungsende einzufließen haben, entweder aus den tatsächlichen Erfahrungen oder als konservative Abschätzung*" (Hellstern 2020, S. 125).

[75] Vgl. Demant (2018).

[76] Vgl. Loitz und Nütten (2022, S. 1337 ff.).

[77] Siehe hierzu Rohn und Urnik (2021, S. 527 ff.).

[78] Vgl. Freyer (2018).

[79] Vgl. Bittelmeier et al. (2013, S. 262).

des kreditaufnehmenden Unternehmens ist.[80] Zudem sollten die immateriellen Vermögensgegenstände (am Markt) möglichst einfach verkauft werden können (hohe Marktgängigkeit bzw. Liquidierbarkeit) und über die Laufzeit des Kredites möglichst wertstabil sein (i. S. nur geringer Wertschwankungen und möglichst minimaler Wertverluste).[81] Zur Ermittlung des Wertes immaterieller Vermögensgegenstände kann auf marktpreisorientierte, kapitalwertorientierte und kostenorientierte Verfahren zurückgegriffen werden.[82] Abgemildert werden kann der eigenkapitalgetriebene Wettbewerbsnachteil von Banken durch die (teilweise) staatliche Übernahme von Risiken im Rahmen von öffentlichen Förderprogrammen.[83] Daher könnten Banken gerade mit Blick auf eine kreditbasierte Transformationsfinanzierung ein großes Interesse an einer Ausweitung der staatlichen Risikoübernahme haben.

> **Die nachstehenden drei Fragen können insbesondere im Rahmen von Transformationsvorhaben wertvolle Handlungsimpulse erkennen lassen**
>
> - Welcher Wert würde sich für den Transaktionskosten-Kompetenz-Score Ihres Veränderungsvorhabens ergeben?
> - Durch welche Maßnahmen würde sich das Dynamic-Capabilities-Rating Ihres Unternehmens besonders stark verbessern?
> - Wie würden sich diese Maßnahmen möglicherweise auf die Ergebnisse eines Stresstests auswirken?

---

[80] Für eine ausführliche Darlegung und Diskussion der Kreditbesicherung durch immaterielle Vermögensgegenstände aus einer ökonomischen und juristischen Sicht siehe Picht (2018).
[81] Vgl. Bittelmeier et al. (2013, S. 269 ff.).
[82] Vgl. Moser (2017, S. 16 ff.), Himmel und Krostewitz (2012, S. 33 ff.) sowie Wirtz (2010, S. 224 ff.); zur Identifikation und Bewertung von Spielräumen bei der Bilanzierung immaterieller Vermögenswerte nach IFRS siehe Schreier (2018).
[83] Vgl. hierzu Dykiert (2021, S. 77).

Transformationsfinanzierung – Zusammenfassung der wesentlichen Ergebnisse 5

Digitalisierung und zunehmende Anforderungen an die Nachhaltigkeit führen bei den Unternehmen zu einer Ausweitung der strategischen Lücke.

Das Ausmaß der strategischen Lücke bestimmt den Transformationsbedarf eines Unternehmens.

Eine Transformation erhöht deutlich die Risiken, Ungewissheit und Komplexität in der Unternehmensführung. Eine Unterlassung der Transformation kann zu einer *fragilen Organisation* führen und damit (zeitverzögert) ebenfalls eine riskante und komplexe Restrukturierung oder Sanierung erforderlich machen. Andernfalls kann es zu einer vorzeitigen Beendigung des Unternehmenslebenszyklus durch eine Insolvenz kommen.

Digitalisierung und ein nachhaltigeres Wirtschaften können folglich – auf die eine oder andere Weise – die Risiken, Ungewissheit und Komplexität in Unternehmen substanziell erhöhen.

Die Transformation kann über einen Zeitraum von mehreren Jahren einen – gemessen am Eigenkapital – sehr hohen Finanzierungsbedarf auslösen. Eine Fremdkapitalfinanzierung kann aufgrund einer stark sinkenden Eigenkapitalquote zu einer Verringerung der Risikotragfähigkeit und damit der Bonität eines Unternehmens führen.

Für Unternehmen kann es daher erforderlich werden, einen Teil der Transformationsfinanzierung durch eigenkapitalerhöhende Maßnahmen – wie die Thesaurierung von Gewinnen – abzudecken.

Unter finanziellen Aspekten kann somit ein sich abzeichnender Transformationsbedarf eine möglichst frühzeitige Einleitung von substanziellen Effizienzprogrammen zur Eigenkapitalerhöhung und damit zur Verbesserung der finanziellen Reserven des Unternehmens erforderlich machen.

Zur Wahrung der Bonität und damit der Refinanzierungsmöglichkeiten eines Unternehmens sollte ergänzend zu einer Basisplanung die Veränderung des

© Der/die Autor(en), exklusiv lizenziert an Springer-Verlag GmbH, DE, ein Teil von Springer Nature 2023
T. Grundmann, *Transformationsfinanzierung*,
https://doi.org/10.1007/978-3-662-67383-6_5

Ratings in einem Stress-Szenario ermittelt und mit einem als akzeptabel erachteten Mindest-Rating verglichen werden.

Sofern finanzierende Banken im Rahmen der Kalkulation ihrer Kreditkonditionen keine Finanzplanung der Unternehmen explizit berücksichtigen, kann es für ein Unternehmen vorteilhaft sein, ein – unter Wahrung einer angemessenen Eigenkapitalquote bzw. Risikotragfähigkeit – möglichst hohes Kreditvolumen aufzunehmen und eine recht langfristige Zinsbindung zu vereinbaren. Dabei sollte insbesondere auf eine für das Unternehmen möglichst optimale Ausgestaltung der Klauseln im Kreditvertrag *(Covenants)* geachtet werden. Insbesondere die recht üblichen *Financial Covenants,* welche beispielsweise bei einer Verschlechterung finanzieller Kennzahlen den Banken besondere Rechte (wie eine vorzeitige Fälligstellung des Krediles) einräumen, sind so weit wie möglich zu vermeiden.

Ergänzend zu den finanziellen und personellen Ressourcen sind für das Gelingen der Transformation eines Unternehmens insbesondere die Dynamic Capabilities von besonderer Bedeutung, welche die Wandlungsfähigkeit eines Unternehmens prägen.

Ein Dynamic-Capabilities-Rating bietet die Möglichkeit, sowohl die Angemessenheit der unternehmensspezifischen Wandlungsfähigkeit im Hinblick auf eine angestrebte Mindestbonität zu beurteilen als auch im Rahmen eines Transformation-Rating-Advisory Handlungsoptionen zur Verbesserung der Dynamic Capabilities aufzuzeigen.

Eine zunehmende Digitalisierung von Wertschöpfungsprozessen und steigende Anforderungen an ein nachhaltiges Wirtschaften können dazu führen, dass Unternehmen über immer weniger Sachanlagevermögen (wie Gebäude und Produktionsanlagen) verfügen. Zudem besteht die Gefahr, dass sich aufgrund einer sinkenden Nachfrage sowie steigender (insbes. ökologischer) Anforderungen der Wert des Sachanlagevermögens verringern kann. Demgegenüber ist mit einer Zunahme immaterieller Vermögensgegenstände (wie Patente, Software und Firmenwerte) zu rechnen.

Da unter regulatorischen Gesichtspunkten Banken immaterielle Vermögensgegenstände nicht als Sicherheiten anrechnen können, dürften Digitalisierung und Nachhaltigkeit zu sinkenden Besicherungen bei der Kreditvergabe und damit zu einem tendenziell sinkenden Kreditangebot (aufgrund des begrenzten Eigenkapitals der Banken) und steigenden Kreditzinsen bei den Unternehmen führen.

Literatur

Adam, Dietrich (1996): Planung und Entscheidung – Modelle – Ziele – Methoden, Wiesbaden

Adams, Fanos/Andrae, Silvio (2022): Die grüne Seite der Bank, in: Controlling & Management Review, 4 | 2022, S. 52–55

Altman, Edward I. (2013): Predicting Financial Distress of Companies – Revisiting the Z-Score and Zeta® Models, in: Bell, Adrian R./Brooks, Chris/Prokopczuk, Marcel (Hrsg.): Handbook of Research Methods and Applications in Empirical Finance, Cheltenham/Northampton

Andrae, Silvio/Hellmich, Martin/Schmaltz, Christian (2018): Handbuch Bankaufsichtliches Risikomanagement – Grundlagen und Anwendung regulatorischer Anforderungen, Stuttgart

Andrae, Silvio (2020): Kreditminderungstechniken, in: Gendrisch, Thorsten/Hahn, Ronny/Klement, Jochen (Hrsg.): Handbuch Solvabilität – Aufsichtliche Kapitalanforderungen an Kreditinstitute, Stuttgart

Andresen, Judith (2017): Retrospektiven in agilen Projekten – Ablauf, Regeln & Methodenbausteine, München

Appelo, Jurgen (2018): Managing for Happiness – Übungen, Werkzeuge und Praktiken, um jedes Team zu motivieren, München

Ashby, William Ross (2016): Einführung in die Kybernetik, Frankfurt am Main

Backhaus, Klaus/Herbst, Uta/Voeth, Markus/Wilken, Robert (2010): Allgemeine Betriebswirtschaftslehre – Koordination betrieblicher Entscheidungen – Die Fallstudie Peter Pollmann, Berlin/Heidelberg

BaFin (2022): Konsultation 06/2022 – Entwurf der MaRisk in der Fassung vom 26.09.2022, Bundesanstalt für Finanzdienstleistungsaufsicht (BaFin); Online: https://www.bafin.de/SharedDocs/Downloads/DE/Konsultation/2022/dl_kon_06_22_MaRisk.html?nn=9021442 (abgerufen am 29.02.2023)

Barthruff, Christian (2014): Nachhaltigkeitsinduzierte Kreditrisiken – Empirische Untersuchung der Wirkungszusammenhänge zwischen Nachhaltigkeits- und Kreditrisiken unter besonderer Berücksichtigung des Klimawandels, Wiesbaden

Baule, Rainer (2019): Finanzwirtschaftliches Bankmanagement – Bankkalkulation, Risikomanagement und Regulierung, Stuttgart

BCBS (2023): CRE: Calculation of RWA for credit risk, CRE20 – Standardised approach: individual exposures, Basel Committee on Banking Supervision (BCBS), Basel

Berner, Winfried (2015): Change! 20 Fallstudien zu Sanierung, Turnaround, Prozessoptimierung, Reorganisation und Kulturveränderung, Stuttgart

Bittelmeier, Claudia/Ehrhart, Nick/Mark, Klaus/Zimmermann, Volker (2013): Immaterielle Vermögensgegenstände als Kreditsicherheiten – Ein Potenzial für die Mittelstandsfinanzierung in Deutschland?, in: Keuper, Frank/Vocelka, Alexander/Häfner, Michael (Hrsg.): Die moderne Finanzfunktion – Strategien, Organisation und Prozesse, Wiesbaden

Bittner, Kurt/Kong, Patricia/West, Dave (2018): Mit dem Nexus™ Framework Scrum skalieren – Kontinuierliche Bereitstellung eines integrierten Produkts mit mehreren Scrum-Teams, Heidelberg

Blum, Ulrich/Dudley, Leonard/Leibbrand, Frank/Weiske, Andreas (2005): Angewandte Institutionenökonomik – Theorie – Modelle – Evidenz, Wiesbaden

Bornemann, Stefan (2012): Kooperation und Kollaboration – Das Kreative Feld als Weg zu innovativer Teamarbeit, Wiesbaden

Brauner, Hans U./Grillo, Ulrich (2019): Strategic Due Diligence, in: Berens, Wolfgang/Brauner, Hans U./Knauer, Thorsten (Hrsg.): Due Diligence bei Unternehmensakquisitionen, Stuttgart

Brauner, Hans U./Neufang, Julia (2019): Financial Due Diligence II – Liquidität und Finanzierung, in: Berens, Wolfgang/Brauner, Hans U./Knauer, Thorsten (Hrsg.): Due Diligence bei Unternehmensakquisitionen, Stuttgart

Brunnermeier, Markus Konrad (2021): Die resiliente Gesellschaft, Berlin

Buch, Claudia/Dages, B. Gerard (Leitende der Arbeitsgruppe) (2018): Structural changes in banking after the crisis, Committee on the Global Financial System (CGFS) Papers, Nr. 60, Bank for International Settlements, Basel

Budliger, Hendrik (Hrsg.) (2021): Demografischer Wandel und Wirtschaft, Wiesbaden

Commerzbank (2018): Next Generation – Neues Denken für die Wirtschaft, Unternehmerperspektiven – Eine Initiative der Commerzbank, Frankfurt am Main; Online: https://www.unternehmerperspektiven.de/portal/de/up/up-studien/studien.html#studien (abgerufen am 13.08.2022)

Creditreform (2019): Spiel mir das Lied vom Tod der Unternehmen – Risikomanagement Newsletter, Creditreform Köln, 23. August 2019; Online: https://www.creditreform.de/koeln/aktuelles-wissen/pressemeldungen-fachbeitraege/news-details/show/spiel-mir-das-lied-vom-tod-der-unternehmen (abgerufen am 13.08.2022)

Demant, Christian (2018): Software Due Diligence – Softwareentwicklung als Asset bewertet, Berlin

Derbey, Esther/Larsen, Diana (2018): Agile Retrospektiven – Übungen und Praktiken, die die Motivation und Produktivität von Teams deutlich steigern, München

Deutsche Bank (2019): Finanzstabilitätsbericht 2019, Frankfurt am Main

Deutsche Bank (2021): Langfristige Wettbewerbsfähigkeit sichern – Fördermittel für die Transformation der deutschen Wirtschaft, Frankfurt; Online: https://www.deutsche-bank.de/ub/lp/langfristige-wettbewerbsfaehigkeit-sichern.html (abgerufen am 09.08.2022)

Deutsche Bundesbank (2021a): Finanzstabilitätsbericht 2021, Frankfurt am Main

Deutsche Bundesbank (2022a): Bonitätsanalyse der Deutschen Bundesbank, Faltblatt; Online: https://www.bundesbank.de/de/aufgaben/geldpolitik/notenbankfaehige-sicherhei

ten/bonitaetsanalyse/bonitaetsanalyseverfahren-der-bundesbank-602038 (abgerufen am 30.07.2022)

Deutsche Bundesbank (2022b): Jahresabschlussstatistik (Hochgerechnete Angaben) – Dezember 2022, Statistische Fachreihe, Frankfurt am Main; Online: https://www.bundesbank.de/de/statistiken/unternehmen-und-private-haushalte/-/jahresabschlussstatistik-hochgerechnete-angaben-1997-bis-2021-827826 (abgerufen am 22.02.2023)

Deutsche Bundesbank (2022c): Finanzstabilitätsbericht 2022, Frankfurt am Main

Deutsche Bundesbank (2023): Monatsbericht, 75. Jahrgang, Nr. 3, März 2023

Dietl, Stefan F./Höschle, Ulrich (2005): Employability durch Ausbildung – Auswirkung, Konsequenz und Konzepte, in: Speck, Peter (Hrsg.): Employability – Herausforderungen für die strategische Personalentwicklung, Wiesbaden

Dimler, Nick/Karcher, Boris/Peter, Joachim (2018): Bedeutung des Ratings für die Unternehmensfinanzierung im Mittelstand, in: Dimler, Nick/Peter, Joachim/Karcher, Boris (Hrsg.): Unternehmensfinanzierung im Mittelstand – Lösungsansätze für eine maßgeschneiderte Finanzierung, Wiesbaden

Dörner, Dietrich (1989/2003): Die Logik des Misslingens – Strategisches Denken in komplexen Situationen, Hamburg (Erstveröffentlichung 1989)

Dykiert, Wolfgang (2021): Öffentliche Förderprogramme – nicht sexy aber hilfreich, in: Hoppe, Christian (Hrsg.): Praxishandbuch Finanzierung von Innovationen – Von der Idee bis zum Exit, Wiesbaden

EBA (2022): Risk Dashboard, Data as of Q3, Interactive Tool, European Banking Authority (EBA); Online: https://www.eba.europa.eu/risk-analysis-and-data/risk-dashboard (abgerufen am 25.03.2023)

Egle, Ulrich/Lehmann, Marie-Luise/Keimer, Imke (2021): Der T-Shaped Controller – Das Controlling-Rollenprofil im komplexen Umfeld, in: Controller Magazin, Ausgabe 4, S. 64–69

Erlei, Mathias/Leschke, Martin/Sauerland, Dirk (2016): Institutionenökonomik, Stuttgart

Evanschitzky, Heiner/Backhaus, Christof/Woisetschläger, David/Ahlert, Dieter (2008): Der Einfluss von Organisationsstruktur und Aufgabenkomplexität auf Teamperformance – Eine gruppenexperimentelle Studie, in: Schreyögg, Georg/Conrad, Peter (Hrsg.): Gruppen und Teamorganisation, Wiesbaden

Farhadi, Noah (2019): Cross-Industry Ecosystems: Grundlagen, Archetypen, Modelle und strategische Ansätze, Wiesbaden

Felin, Teppo/Powell, Thomas C. (2016): Designing Organizations for Dynamic Capabilities, in: California Management Review, Vol. 58, Issue 4, S. 78–97

Fink, Alexander/Siebe, Andreas (2011): Handbuch Zukunftsmanagement – Werkzeuge der strategischen Planung und Früherkennung, Frankfurt/New York

Fink, Alexander/Siebe, Andreas (2016): Szenario-Management – Von strategischem Vorausdenken zu zukunftsrobusten Entscheidungen, Frankfurt/New York

Fischer, Jochen/Holzkämper, Hilko (2004): Rating – Dreh- und Angelpunkt der Unternehmensfinanzierung, in: Guserl, Richard/Pernsteiner, Helmut (Hrsg.): Handbuch Finanzmanagement in der Praxis, Wiesbaden

Fischer, Peter/Jander, Kathrin/Krueger, Joachim (2018): Sozialpsychologie für Bachelor, Berlin

Frahm, Michael (2011): Beschreibung von komplexen Projektstrukturen, in: Projektmanagement Aktuell, 2/2011, S. 22–27

Frank, Roland/Schumacher, Gregor/Tamm, Andreas (2019): Cloud-Transformation – Wie die Public Cloud Unternehmen verändert, Wiesbaden

Freyer, Simon (2018): Urheberrechte als Kreditsicherheit, Baden-Baden

Friedrichsen, Stefanie (2021): Immobilienbewertung – Grundlagen und Anwendung mit Lernvideos, Wiesbaden

Geschwill, Roland/Nieswandt, Martina (2020): Laterales Management – Das Erfolgsprinzip für Unternehmen im digitalen Zeitalter, Wiesbaden

Gleißner, Werner (2013): Die risikogerechte Bewertung alternativer Unternehmensstrategien – Ein Fallbeispiel jenseits CAPM, in: BewertungsPraktiker, Nr. 3/2013, S. 82–89

Gleißner, Werner (2017): Robuste Unternehmen und strategisches Risikomanagement – Ein Blick in die Vergangenheit und Zukunft, in: Risiko Manager, Ausgabe 02/2017, S. 20–28

Gleißner, Werner (2018): Risikogerechte Bewertung und Erfolgswahrscheinlichkeit von Restrukturierungsstrategien, in: Knecht, Thomas C./Hommel, Ulrich/Wohlenberg, Holger (Hrsg.): Handbuch Unternehmensrestrukturierung: Grundlagen – Konzepte – Maßnahmen, Wiesbaden

Gleißner, Werner (2019): Rating und Ratingstrategien, in: DWS Merkblatt Nr. 1892, 11/2019, S. 1–12

Gleißner, Werner (2022): Grundlagen des Risikomanagements – Handbuch für ein Management unter Unsicherheit, München

Gleißner, Werner/Füser, Karsten (2014): Praxishandbuch Rating und Finanzierung – Strategien für den Mittelstand, München

Gleißner, Werner/Kreuser, Christian (2017): Venture Debt: Rating und risikogerechte Bewertung, Kreditwesen, Heft 18/2017, S. 904–909

Gleißner, Werner/Wingenroth, Thorsten (2015a): Rating und Kreditrisiko Teil 1, in: Kredit & Rating Praxis, 5/2015

Gleißner, Werner/Wingenroth, Thorsten (2015b): Rating und Kreditrisiko Teil 2, in: Kredit & Rating Praxis, 6/2015

Göbel, Elisabeth (2002): Neue Institutionenökonomik – Konzeption und betriebswirtschaftliche Anwendungen, Stuttgart

Goodhart, Charles/Pradhan, Manoj (2020): The Great Demographic Reversal – Ageing Societies, Waning Inequality, and an Inflation Revival, London

Graf, Nele/Rascher, Stephanie/Schmutte, Andre M. (2020): Teamlead – Führung 4.0 – So führen Sie Teams synergetisch zu Höchstleistungen – Mit Tipps & Checklisten für die Praxis, Wiesbaden

Grundmann, Thilo/Gleißner, Werner (2023): Transformation Scorecard – Wirksam handeln in der nachhaltigen und digitalen Unternehmenstransformation, Wiesbaden

Grundke, Peter/Pliszka, Kamil (2014): Kreditinstitute und Stresstests – Regulierung und risikoartenspezifische Umsetzung, in: Wirtschaftswissenschaftliches Studium (WiSt), Heft 1, Januar 2014

Grundwald, Egon/Grundwald, Stephan (2008): Bonitätsanalyse im Firmenkundengeschäft – Handbuch Risikomanagement und Rating, Stuttgart

Guth, Jessica (2021): Zukunftsweisende Teamsteuerung – Ambidextre Führung als eine neue Form organisatorischer Intelligenz, Wiesbaden

Habdank, Philipp (2023): Transition Finance stellt Banken vor Probleme – Ehemaliger Bankenaufseher Joachim Wuermeling: 165 Mrd. Euro Überschusskapital im Bankensystem könnten zu wenig sein, in: Börsen-Zeitung, Nr. 65, 1. April 2023, S. 4

Haber, Gottfried/Ogertschnig, Michael (2020): Die Absicherung von Exportrisiken, in: Sternad, Dietmar/Höfferer, Meinrad/Haber, Gottfried (Hrsg.): Grundlagen Export und Internationalisierung, Wiesbaden

Haenle, Philipp (2021): Der Klimawandel als Risiko für das Finanzsystem, in: Heithecker, Dirk (Hrsg.): Handbuch Nachhaltige Finanzwirtschaft, Heidelberg

Hahn, Christopher Hrsg. (2018): Finanzierung von Start-up-Unternehmen – Praxisbuch für erfolgreiche Gründer: Finanzierung, Besteuerung, Investor Relations, Wiesbaden

Hannemann, Ralf/Weigl, Thomas/Zaruk, Marina (2022): Mindestanforderungen an das Risikomanagement (MaRisk) – Kommentar, Stuttgart

Heithecker, Dirk (2021): Überblick über Nachhaltigkeitsrisiken, in: Heithecker, Dirk (Hrsg.): Handbuch Nachhaltige Finanzwirtschaft, Heidelberg

Hellenkamp, Detlef (2022): Bankwirtschaft, Wiesbaden

Hellstern, Gerhard (2020): Verlustquote bei Ausfall und Kreditkonversionsfaktor, in: Hellstern, Gerhard/Igl, Andreas/Walz, Christoph (Hrsg.): Bankinterne Ratingverfahren: Von TRIM zum finalisierten Basel III, Stuttgart

Helmcke, Stefan/Heuss, Ruth/Hieronimus, Solveigh/Engel, Hauke (2021): Net-Zero Deutschland: Chancen und Herausforderungen auf dem Weg zur Klimaneutralität bis 2045, McKinsey & Company, Düsseldorf

Heri, Erwin W./Zimmermann, Heinz (2001): Grenzen statistischer Messkonzepte für die Risikosteuerung, in: Schierenbeck, Henner/Rolfes, Bernd/Schüller, Stephan (Hrsg.): Handbuch Bank-Controlling, Wiesbaden, S. 995–1014

Hermkes, Geren/Quintela, Luiz (2021): Scrum richtig skalieren: Wie Sie mit Scrum@Scale Business Agilität erreichen und die Konkurrenz überflüssig machen, Berlin

Herrmann-Pillath, Carsten (2002): Grundriß der Evolutionsökonomik, München

Heuzeroth, Adrian (2022): Risikodarlehen (Venture Debt): Besonderheiten der Vertragsausgestaltung sowie der europäischen und deutschen Fondsregulierung, Berlin

Hiermaier, Stefan/Hiller, Daniel/Edler, Jakob/Roth, Florian/Arlinghaus, Julia C./Clausen, Uwe (2021): Resilienz – Ein Fraunhofer-Konzept für die Anwendung, München

Himmel, Holger/Krostewitz, Andreas (2012): Bewertung immaterieller Ressourcen als Teil der Unternehmenssteuerung – Herausforderungen für das Controlling, in: Zeitschrift für Controlling & Management (ZfCM), Sonderheft 1 | 2012, S. 30–39

Hische, Marja/Hische, Volker (2019): Projekte leiten, Menschen führen – Führungswissen und Werkzeuge für die laterale Führung, Wiesbaden

Högl, Martin (2004): Teamorganisation, in: Schreyögg, Georg/von Werder, Axel (Hrsg.): Handwörterbuch Unternehmensführung und Organisation, Stuttgart

Hohberger, Stefan (2019): Risiko- und Erfolgsfaktoren der Sanierungstypen und -formen, in: Hohberger, Stefan/Damlachi, Hellmut (Hrsg.): Praxishandbuch Sanierung im Mittelstand, Wiesbaden

Holtermann, Felix/Backovic, Lazar/Tyborski, Roman (2023): VWs Softwaretochter Cariad bekommt mehr Kompetenzen, in: Handelsblatt, Nr. 16, 23. Januar 2023

Hoppe, Christian (Hrsg.) (2021): Praxishandbuch Finanzierung von Innovationen – Von der Idee bis zum Exit, Wiesbaden

Hummitzsch, Erik/Strack, Volker (2019): Financial Due Diligence I – Vermögen, Ertrag und Cashflow, in: Berens, Wolfgang/Brauner, Hans U./Knauer, Thorsten (Hrsg.): Due Diligence bei Unternehmensakquisitionen, Stuttgart

Hutterer, Peter (2013): Dynamic Capabilities und Innovationsstrategien – Interdependenzen in Theorie und Praxis, Wiesbaden

Jenewein, Wolfgang/Heidbrink, Marcus (2008): High-Performance-Teams – Die fünf Erfolgsprinzipien für Führung und Zusammenarbeit, Stuttgart

Kampe, Tim/Uphaus, Andreas (2021): Wachstumsfinanzierung, in: KMU- und Start-up-Management: Strategische Aspekte, operative Umsetzung und Best-Practice, Wiesbaden

Kay, John/King, Mervyn (2020): Radical Uncertainty – Decision Making Beyond the Numbers, New York

Kleemann, Florian C./Frühbeis, Ronja (2021): Resiliente Lieferketten in der VUCA-Welt – Supply Chain Management für Corona, Brexit & Co., Wiesbaden

Klein, Christian/Eckert, Julia/Dumrose, Maurice (2021): Nachhaltige Finanzwirtschaft – Definition und aktuelle Entwicklungen, in: Heithecker, Dirk (Hrsg.): Handbuch Nachhaltige Finanzwirtschaft, Heidelberg

Kley, Christoph R. (2003): Mittelstands-Rating – Externe Credit Ratings und die Finanzierung mittelständischer Unternehmen, Wiesbaden

Knight, Frank Hyneman (1921): Risk, Uncertainty and Profit, Boston/New York

Kraus, Katrin (2007): Vom Beruf zur Employability? Zur Theorie einer Pädagogik des Erwerbs, Wiesbaden

Kreutz, Rainer/Everling, Oliver (2013): Rating von Debt Produkten und die Bedeutung von Rating Advisory, in: Hasler, Peter Thilo/Launer, Markus A./Wilhelm, Martin K. (Hrsg.): Praxishandbuch Debt Relations, Wiesbaden

Kühl, Stefan (2016): Laterales Führen – Eine kurze organisationstheoretisch informierte Handreichung, Wiesbaden

Kugel, Sascha/Girmscheid, Steffen (2018): Unternehmensfinanzierung und -rating mit System – Core-Training zur Verbesserung der wirtschaftlichen Leistungsfähigkeit von KMU, Wiesbaden

Lange, Sabrina (2015): Komplexität im Projektmanagement – Methoden und Fallbeispiele für erfolgreiche Projekte, Wiesbaden

Larmann, Craig/Vodde, Bas (2017): Large-Scale Scrum – Scrum erfolgreich skalieren mit LeSS, Heidelberg

Loitz, Rüdiger/Nütten, Ulrich (2022): Die Bewertung von Daten im Mittelpunkt der Analyse von digitalen Geschäftsmodellen, in: Der Betrieb, Nr. 22, 30.05.2022, S. 1337–1342

Marko, Wolfgang A. (2015): Organisation und Organisationsgestaltung, in: Vorbach, Stefan (Hrsg.): Unternehmensführung und Organisation, Wien

Mathis, Christoph (2018): SAFe – Das Scaled Agile Framework – Lean und Agile in großen Unternehmen skalieren, Heidelberg

Matje, Andreas (1996): Kostenorientiertes Transaktionscontrolling – Konzeptioneller Rahmen und Grundlagen für die Umsetzung, Wiesbaden

Mendler, Peter (1992): Zur ökonomischen und politisch-institutionellen Analyse öffentlicher Kredithilfen, Hohenheimer volkswirtschaftliche Schriften, Band 14, Frankfurt am Main

Moser, Ulrich (2017): Bewertung immaterieller Vermögenswerte – Grundlagen, Anwendung anhand eines Fallbeispiels, Bilanzierung, Goodwill, Stuttgart

Müller, Stefan/Brackschulze, Kai/Mayer-Friedrich, Matija Denise (2012): Finanzierung mittelständischer Unternehmen nach Basel III – Selbstrating, Risikocontrolling und Finanzierungsalternativen, München

Literatur

Munsch, Michael/Munsch, Marcel (2017): Prüfung der Kapitaldienstfähigkeit im gewerblichen Retail-Geschäft unter besonderer Berücksichtigung von Scoring-/Ratingsystemen, in: Kaluza, Bernd/Braun, Klaus Dieter/Beschorner, Harald/Rolfes, Bernd (Hrsg.): Betriebswirtschaftliche Fragen zu Steuern, Finanzierung, Banken und Management, Wiesbaden

Norget, Jens (2020): Der Kreditrisikostandardansatz, in: Gendrisch, Thorsten/Hahn, Ronny/Klement, Jochen (Hrsg.): Handbuch Solvabilität – Aufsichtliche Kapitalanforderungen an Kreditinstitute, Stuttgart

Nagel, Reinhart/Wimmer, Rudolf (2014): Systemische Strategieentwicklung – Modelle und Instrumente für Berater und Entscheider, Stuttgart

Ott, Christine (2011): Der Informationsgehalt von Credit Ratings am deutschen Aktienmarkt – Eine empirische Untersuchung, Wiesbaden

Patzak, Gerold (2009): Messung der Komplexität von Projekten, in: Projektmanagement Aktuell, 5/2009, S. 42–45

Pavlou, Paul A./El Sawy, Omar A. (2011): Understanding the Elusive Black Box of Dynamic Capabilities, in: Decision Science, Band 42, Nr. 1, S. 239–273

Picht, Peter Georg (2018): Vom materiellen Wert des Immateriellen – Immaterialgüterrechte als Kreditsicherungsmittel im nationalen und internationalen Rechtverkehr, Tübingen

Picot, Arnold/Dietl, Helmut/Franck, Egon/Fiedler, Marina/Royer, Susanne (2020): Organisation – Theorie und Praxis aus ökonomischer Sicht, Stuttgart

Picot, Arnold/Reichwald, Ralf/Wigand, Rolf T./Möslein, Kathrin M./Neuburger, Rahild/Neyer, Anne-Katrin (2020): Die grenzenlose Unternehmung – Information, Organisation & Führung, Wiesbaden

Polok, Damian/Schnerr, Sebastian/Eyben, Robin (2021): Venture Debt-Finanzierung – Eine Bankperspektive, in: Hoppe, Christian (Hrsg.): Praxishandbuch Finanzierung von Innovationen – Von der Idee bis zum Exit, Wiesbaden

Pomp, Thomas (2020): Praxishandbuch Financial Due Diligence – Finanzielle Kernanalysen bei Unternehmenskäufen, Wiesbaden

Pommerening, Corinna (2022): New Leadership im Finanzsektor – So gestalten Banken aktiv den digitalen und kulturellen Wandel, Wiesbaden

PWC (2023): Kapitalmarktdaten Banken; Online: https://pwc-tools.de/kapitalkosten/kapitalmarktdaten-banken/ (abgerufen am 02.03.2023)

Rahmati, Shahriyar (Hrsg.): (2012) Private Equity Company Due Diligence – How to achieve the best acquisition price and exit return, London

Regelin, Frank/Bourgeois, Nadine (2013): Financial Covenants aus juristischer Sicht, in: Hasler, Peter Thilo/Launer, Markus A./Wilhelm, Martin K. (Hrsg.): Praxishandbuch Debt Relations, Wiesbaden

Reinemann, Holger (2019): Mittelstandsmanagement – Einführung in Theorie und Praxis, Wiesbaden

Reither, Franz (1997): Komplexitätsmanagement – Denken und Handeln in komplexen Situationen, München

Ringelspacher, Eva (2021): Krisenmanagement aus Finanzierersicht, in: Crone, Andreas/Werner, Henning (Hrsg.): Modernes Sanierungsmanagement – Sanierung als ganzheitliche Aufgabe: Strategische Neuausrichtung, operative Verbesserung und finanzielle Stabilisierung, München

Röhl, Klaus-Heiner (2020): Der Mittelstand in der Corona-Krise – Solide Eigenkapitalbasis wirkt stabilisierend, IW-Report 24/2020, Institut der Deutschen Wirtschaft, Köln

Rohn, Eva/Urnik, Sabine (2021): Anforderungen an die Ermittlung von Wertschöpfungsbeiträgen immaterieller Werte durch BEPS – eine prozesskostenorientierte Betrachtung am Beispiel digitaler bzw. hybrider Geschäftsmodelle, in: Feldbauer-Durstmüller/Mayr (Hrsg.): Controlling – Aktuelle Entwicklungen und Herausforderungen – Digitalisierung, Nachhaltigkeit und Spezialaspekte, Wiesbaden

Rosa, Hartmut (2016): Resonanz – Eine Soziologie der Weltbeziehung, Berlin

Rubin, Kenneth S. (2014): Essential Scrum – Umfassendes Scrum-Wissen aus der Praxis, Frechen

Ruhrkamp, Christoph (2022): Private-Equity-Rendite nahe Rekord, in: Börsen-Zeitung vom 08.06.2022, S. 7, Frankfurt

Rupp, Cecil (2020): Scaling Scrum Across Modern Enterprises – Implement Scrum and Lean-Agile techniques across complex products, portfolios, and programs in large organizations, Birmingham

Sinn, Walter/Thoben, Sebastian/Tajik, Nirwan (2022): Deutschlands Banken 2022 – Im Auge des Sturms, Bain & Company, München/Zürich

Scharfman, Joason A. (2012): Private Equity Operational Due Diligence – Tools to Evaluate Liquidity, Valuation, and Documentation, Hoboken

Scheller, Torsten (2017): Auf dem Weg zur agilen Organisation – Wie Sie Ihr Unternehmen dynamischer, flexibler und leistungsfähiger gestalten, München

Scheller, Torsten (2021): Die Wertstrom-Organisation – Agilität radikal zu Ende gedacht, München

Schierenbeck, Henner/Lister, Michael/Kirmße, Stefan (2014): Ertragsorientiertes Bankmanagement – Band 1: Messung von Rentabilität und Risiko im Bankgeschäft, Wiesbaden

Schirmer, Uwe (Hrsg.) (2016): Demografie Exzellenz – Handlungsmaßnahmen und Best Practices zum demografieorientierten Personalmanagement, Wiesbaden

Schreier, Patrick (2018): Immaterielles Vermögen als Werttreiber einer Unternehmung. Identifikation und Bewertung von Spielräumen bei der Bilanzierung immaterieller Vermögenswerte nach IFRS, Hamburg

Schreyögg, Georg/Eberl, Martina (2015) – Organisationale Kompetenzen: Grundlagen – Modelle – Fallbeispiele, Stuttgart

Schwartz, Michael/Gerstenberger, Juliane (2021): KfW-Mittelstandspanel 2021, Frankfurt am Main

Seeger, Tom (2020): Das agile Team steuert sich selbst – Kompetenzen und Fähigkeiten zur Eigenentwicklung selbstorganisierter Teams, Wiesbaden

Seiwert, Martin (2022): Bits und Blamage – Das Überleben von Autobauern hängt heute am Betriebssystem, nicht an Benzin und Blech. Deshalb ruhen die größten Hoffnungen bei Volkswagen auf der Softwaretochter Cariad. Doch bei den Konzern-Codern läuft es alles andere als rund, in: WirtschaftsWoche, Ausgabe 21, 20.5.2022, S. 14–21

Seppelfricke, Peter (2019): Unternehmensanalysen – Wie man die Zukunft eines Unternehmens prognostiziert, Stuttgart

Sinz, Anja (2022): Wachstumsbremse Silo-Denken – Wie Sie bei Bereichsegoismus gegensteuern können, in: Werner, Daniel B./von Lindequist, Olof/Sinz, Anja/Herkommer, Raphael/Kuhnle, Helen (Hrsg.): Nachhaltiges Wachstum im Mittelstand – Ein Praxisleitfaden für Geschäftsführer:innen, Wiesbaden

Speck, Peter (2004): Konzept für eine neue Arbeitswelt, in: Personal, Heft 6, 2004, S. 30–32

Speyer, Bernhard/Böttcher, Barbara (2004): Basel II – Aktives Bonitätsmanagement als Kern der Kreditbeziehung, in: Guserl, Richard/Pernsteiner, Helmut (Hrsg.): Handbuch Finanzmanagement in der Praxis, Wiesbaden

Stäblein, Werner (2013): Der Ratingprozess bei Standard & Poor's – Ein Praxisbeispiel, in: Hasler, Peter Thilo/Launer, Markus A./Wilhelm, Martin K. (Hrsg.): Praxishandbuch Debt Relations, Wiesbaden

Sternad, Dietmar (2020): Beurteilung und Auswahl von Zielmärkten, in: Sternad, Dietmar/Höfferer, Meinrad/Haber, Gottfried (Hrsg.): Grundlagen Export und Internationalisierung, Wiesbaden

Suder, Katrin/Kallmorgen, Jan Friedrich (2022): Das geopolitische Risiko – Unternehmen in der neuen Weltordnung, Frankfurt

Sutherland, Jeff (2015): Die Scrum-Revolution – Management mit der bahnbrechenden Methode der erfolgreichsten Unternehmen, Frankfurt/New York

Sundararajan, Arun (2016): The Sharing Economy – The End of Employment and the Rise of Crowd-Based Capitalism, Cambridge/London

Tallau, Christian (2018): Beurteilung der Kapitaldienstfähigkeit auf dem Prüfstand: Kapitaldienstgrenze und Verschuldungskapazität richtig ermitteln, in: ForderungsPraktiker, Ausgabe 11–12/2018, S. 224–230

Teece, David J./Pisano, Gary/Shuen, Amy (1997): Dynamic Capabilities and Strategic Management, in: Strategic Management Journal, Band 18, August 1997, S. 509–533

Teece, David J./Peteraf, Margaret A./Leih, Sohvi (2016): Dynamic capabilities and organizational agility – Risk, uncertainty, and strategy in the innovation economy, in: California Management Review, Vol. 58, Issue 4, S. 13–35

Varadarajan, Giri/Schlosser, Jeff/Ahuja, Abhi (2021): How asset-light strategies and models can boost business growth – Using asset-light business models can fuel growth and strengthen financial results; Online: https://www.ey.com/en_gl/strategy-transactions/how-asset-light-strategies-and-models-can-boost-business-growth (abgerufen am 04.03.2023)

Varnholt, Nobert T./Hoberg, Peter (2014): Bilanzoptimierung für das Rating – Ansätze und Instrumente für ein besseres Rating-Ergebnis, Stuttgart

Walz, Christoph (2020): Ausfallwahrscheinlichkeit, in: Hellstern, Gerhard/Igl, Andreas/Walz, Christoph (Hrsg.): Bankinterne Ratingverfahren – Von TRIM zum finalisierten Basel III, Stuttgart

Wäber, Philippe (2008): Der Lebenszyklus eines Unternehmens und seine Kapitalstruktur, Masterarbeit, Institut für Finanzmanagement der Universität Bern, Bern

Watzlawick, Paul (2021): Die Lösung ist immer der beste Fehler – Typische Probleme der Kommunikation im Alltag, Heidelberg

Watzlawick, Paul/Beavin, Janet H./Jackson, Don D. (2017): Menschliche Kommunikation – Formen, Störungen, Paradoxien, Bern

Weißbach, Rafael (2016): Wie alt werden Unternehmen in Deutschland? Rostocker Forscher geben nach umfangreicher Datenauswertung Antwort, Universität Rostock; Online: https://www.uni-rostock.de/universitaet/kommunikation-und-aktuelles/medieninformationen/detailansicht/n/wie-alt-werden-unternehmen-in-deutschland-4041/ (abgerufen am 13.08.2022)

Werner, Horst S./Kobabe, Rolf (2005): Unternehmensfinanzierung – Bonitätssteigerung – Finanzierungsstrategie – Kapitalstrukturverbesserung – Eigenkapitalerhöhung – Bilanzoptimierung, Stuttgart

Willemsen, Joop/von Ameln, Falko (2018): Theorie und Praxis des systemischen Ansatzes – Die Systemtheorie Watzlawicks und Luhmanns verständlich erklärt, Berlin

Williamson, Oliver Eaton (1991): Comparative Economic Organization – The Analysis of Discrete Structural Alternatives, in: Administrative Science Quarterly 36, S. 269–296

Wirtz, Harald (2010): Die monetäre Bewertung technologiebasierter immaterieller Vermögenswerte, in: Zeitschrift für Controlling & Management (ZfCM), 2010/Heft 4, S. 224–228

Zeuch, Andreas (Hrsg.) (2011): Management von Nichtwissen in Unternehmen, Heidelberg

Zhang, Yuming (2021): Sharing Economics – Theory Essence and Development Law, Singapore

Zimmermann, Volker (2021): Digitalisierung im internationalen Vergleich – Deutschland liegt bei IT-Investitionen weit hinten, KfW Research – Fokus Volkswirtschaft, Nr. 352, 14. Oktober 2021; Online: https://www.kfw.de/%C3%9Cber-die-KfW/Newsroom/Aktuelles/Pressemitteilungen-Details_673984.html

Zirkler, Bernd/Hofmann, Jonathan/Schmolz, Sandra (2020): Controlling und Basel IV in der Unternehmenspraxis – Strategien zur Bewältigung erhöhter regulatorischer sowie bonitätsbezogener Anforderungen, Wiesbaden

Zirkler, Bernd/Hofmann, Jonathan/Schmolz, Sandra/Bordiyanu, Ilona (2021): Basel IV in der Unternehmenspraxis, Wiesbaden

The manufacturer's authorised representative in the EU is Springer Nature Customer Service Centre GmbH, Europaplatz 3, 69115 Heidelberg, Germany. If you have any concerns regarding our products, please contact ProductSafety@springernature.com

Printed and bound by CPI Group (UK) Ltd, Croydon, CR0 4YY
23/03/2026
02076394-0003